落語に学ぶ粗《そ》忽《こつ》者《もの》の思考

仕事も人間関係も生き苦しい人のための

落語家
立川談慶

WAVE出版

はじめに

～今こそ〝粗忽者《そこつもの》〟に学ぶ～

最近、なんだか生きづらさを感じることはありませんか。

たとえば「勝ち組」「負け組」なんて言葉、相も変わらずよく見聞きします。画一的なものさしで、まるで優劣をつけるかのように人を二元論で分類しようとするなんて、「粋じゃないなぁ」と感じます。

「物質的に豊かでさえあればいい」「とにかく稼げばいい」という行きすぎた物質主義、拝金主義も目立ちます。つまり目に見えないものが軽んじられているわけです。義理人情や、礼節や人としての優しさなどが置き去りにされている気がしてなりません。

落語家目線で言わせてもらえば、野暮《やぼ》の極みです。

おっと、ご紹介が遅れました。私、立川談志の18番目の〝不肖《ふしょう》の弟子〟、立川談慶《たてかわだんけい》と申します。談志を師匠と仰いでから、9年半という気の遠くなるような長さの前座修業を経て、二つ目に昇進（約4年後に真打ち）。落語と笑いを皆様にお届けし続けてまいりました。

「9年半も前座修業するなんて、〝負け組〟じゃないか」

そんな厳しいお声も聞こえてきそうですね。しかしちょっと待ってください。人生の価値なんて、そうたやすく判断できるものではありません。

このように、本書を通してあなた様と巡り合うことができた……。そんな事実ひとつをとってみても、**「勝ち・負け」という二元論で、人生の一瞬を切り取って安易に〝格付け〟し合う行為がいかに無意味か**、ご納得いただけることでしょう。


本書は、近年ますます世知辛くなっていく世の中に、ブレーキが少しでもかかることを願って執筆しました。社会の枠組みや個人の生き方、働き方などがあまりに画一化され、そこから少しでも外れた人は、少数派の烙印を押され、生きづらい方向へと押し出されてしまう。そんな風潮に、私は危機感を抱いています。

なぜなら、「古典落語」の舞台である江戸時代の、古き良き日本人の姿や精神性に（噺を通してではありますが）長年親しんできたからです。特に江戸庶民の社会は、現代よりもはるかに**「多様性を許し、少数派さえも優しく受け入れる社会」**でした。

つまり**「はみだし者や〝弱者〟でも、息苦しくない社会だった」**と思われるのです。

たとえば「パッとしない男」の代名詞、「八《や》っつぁん」や「熊さん」、馬鹿で呑気とされる「与太郎」、そそっかしくて失敗ばかりの「粗忽者《そこつもの》」（名前はつかないことが多い）……。

彼らは皆、ある意味「欠陥人間」です。今の世の中では間違いなく「負け組」のそしりを免れないでしょう。でも、騙されたと思って、落語を一度試しにきいてみてください。彼らが、コミュニティの中でいかに愛され、大事にされているかがわかります。

そういえば「自己肯定感」という言葉も気になる言葉のひとつです。自己肯定感が高いことには、確かによい面もあるでしょう。だからといって「自己肯定感の低さ=悪」とは、単純に言い切れない気もするのです。

なぜこんなことを申し上げるのかといいますと、落語の世界の住人たち（特に支配階級を除いて）は、皆一様に自己肯定感が低いように見受けられるからです。

人口過密な〝長屋〟というコミュニティで生き抜いていくには、自己肯定感をできるだけ低く保ち、うまく謙遜し、世辞を言い合うのが賢い処世術だったのです。

一方、今の時代はどうでしょう。「個性を重視すべき」という考え方が極端に一人歩きをした反動で「自我」が肥大するばかり。挙句の果てに、周りと協調しづらくなっていく……。こんな残念な因果関係が、透けて見えはしないでしょうか。

次の第1章から、さっそくこんなお話をさせていただきますね。

「立派に生きるべき」「何者かになるべき」、こんな思い込みは、もう手放していきましょ

う。今のあなたのまま、心穏やかに生きていくための了見（考え方、心のあり方）を、落語の登場人物たちを引き合いに出しながらお伝えしたいと思います。

本書を展開する軸として、私は「粗忽者」というキャラクターを選びました。「粗忽者」には**「あわて者」「そそっかしい人」**という意味があります。実際、「ドジ」「間抜け」「おっちょこちょい」など、負のイメージで形容されがちなキャラクターですが、どこか憎めない、そして応援したくなる。なんとも人間臭い一面を持っています。

かくいう私もドジでおっちょこちょいな人間ではありました。ですが見方を変えてみると、そんな粗忽な私でも「9年半の前座をクリアすることで、談志に受け入れてもらえたのだ」。そう読み解けるのでは、と思えてきます。

談志は、憧れとする落語の姿を**「江戸の風」**と言い遺して、この世を去りました。「粗忽者」というキャラクターが、江戸と、私たちの生きる現代の橋渡しをしてくれる存在のように思えてなりません。

さあ、ページをめくって、あなたも「江戸の風」に身を委ねてみてください。

目次

はじめに 003

第1章
粗忽者に学ぶ「人との関わり方」

職場やSNSの人間関係に疲れている
↓「疲れている」と自覚できていることに価値がある 018

人に弱みを見せられない
↓「美意識」ととらえ、自分は組織に不可欠な人材なのだと考える 022

思っていることを相手にうまく言えない
↓心根の優しさ、謙虚さの表れである 026

「嫌い」「許せない」と思う人がいる
↓「許す」必要はない。いろんな人がいると認めればいいだけ 030

人からの頼み事を断れない
↓頼まれない人の方が多い。自分を成長させるチャンス 034
人に嫌われているような気がしてしまう
↓「他人目線」での自己チェックに長けている 038
他人の些細な言動が気になってしまう
↓感受性が強いという〝能力〟を「対組織」に活かす 042
人前でうまく笑えない
↓「愛想」のコントロールができればむしろ信頼される 046

第2章 粗忽者に学ぶ「自分の許し方」

自分のことが嫌いで自信が持てない
↓自分を否定的に捉えて見えてくるものはたくさんある 052
うまくいかないのは全部自分のせいだと思ってしまう
↓責任感が強いということ。それを良い方向に利用する 056

誰からも理解されていないと思ってしまう
↓日本の人口1億人超、世界の人口70億人超、1人は必ず理解者がいる
060

不平不満や愚痴ばかり言っている
↓マイナスの感情は、前向きに転化すればいいエネルギー源
064

人と比べて劣っていると感じてしまう
↓能力の凸凹は愛すべきもの。「多様性」を形づくる大切な要素だ
068

理想が高すぎて達成感がない
↓今日の自分は昨日よりわずかでも確実に進歩していると意識する
072

自分が我慢すればいいんだと思ってしまう
↓忍耐強さがあり、トップの器が備わっているということ
076

「自分らしさ」がよくわからない
↓成長につれて醸成されるもの。今はわかっていなくて当たり前
080

友達がいないといけないと思ってしまう
↓人は「ひとり時間」でつくられる。「ひとり上手」を目指すべき
084

第3章 粗忽者に学ぶ「仕事の考え方」

すべてのことを完璧にしなければと思ってしまう
↓思っているほど社会も人もぜんぜん完璧で優秀ではない 090

的外れなことばかりして空回りする
↓「ズレた人」の存在があるから人類は進歩を続けられる 094

毎日疲れていてモチベーションが保てない
↓「誰かがきっと見ていてくれる」と信じよう 098

将来に希望が感じられず焦燥感がある
↓「落ち込む」という負の思考を「行動する」に切り替える 102

先輩や上司との関係がストレス
↓自分と相手の間に「ちょうどいい点」を見つける 106

休んではいけないと思ってしまう
↓「休まない」はデメリットだけ。未来の自分のために休むこと 110

悪くなくてもすぐ謝ってしまう
↓「謝りグセ」や「腰の低さ」は使い様で最高の武器になる　114

本当にやりたいことではない気がする
↓まず自分を周囲に認めさせることに集中する　118

第4章 粗忽者に学ぶ「ひとりの過ごし方」

ミスをプラスの印象に転換しておく
↓短期的には「失敗」でも、長い目で見ればそうじゃないことばかり　124

自分の頑張りすぎに気づいてあげる
↓「ほどほど」を忘れずに。行き過ぎた「頑張り」は消耗するだけ　128

自分の強みや弱みをゆっくり見つめ直す
↓人からの指摘でなく自分で確認していくことが大事　132

「忘れスイッチ」を押す
↓「忘れること」とは心を守る能力であり、リセットの好機　136

頼れる人、話ができる人を探しておく
↓人が健やかに生きる土台は、「分断思考」ではなく「分散思考」 140

いらないもの、人、情報を捨てる
↓定期的に物事との距離を調整して常に身軽に 144

ひたすら寝る（何もしない）
↓「何もしないこと」はある意味大きな「投資」であり「生産活動」 148

自分で自分をほめる
↓何事も「ほめる」につなげれば無益な落ち込みが減り、幸せになれる 152

ひとりでも笑う
↓「人体の誤作動」でいい気分になれるのであれば最高 156

第5章 粗忽者に学ぶ「生き方の哲学」

よいことも悪いこともすべては縁であることを忘れない 162

思っていることが伝わる「間」という魔法　166
「鈍感さ」があればていていのことは気にならなくなる　170
失敗が怖くなくなる「開き直り」のしたたかさ　174
「バカ正直」は本来の自分を守るバリア　178
「人のせい」を上手に使いこなすと抱える荷物が減る　182
「自分相応」でいることが個性である　186
「粗忽者」として生きる　190

第6章 気持ちがふっと楽になる落語⑩選

① 町内の若い衆　197
② 金玉医者　198

③ 疝気の虫 199
④ 目薬 200
⑤ 花色木綿 201
⑥ 後生鰻 202
⑦ 大山詣り 203
⑧ がまの油 204
⑨ 初天神 205
⑩ 狸の札 206
おわりに 207
落語索引 210

装丁	大場君人
編集協力	山守麻衣
本文挿絵	川口澄子
DTP	fukufuku
校正	株式会社ぷれす

※落語は演者の演出により、粗筋や登場する固有名詞の異なることがよくあります。

第1章

粗忽者に学ぶ「人との関わり方」

職場やSNSの人間関係に疲れている

⇩

「疲れている」と自覚できていることに価値がある

お若い現役世代の方とお話ししていると「本業」以外の部分で悩んでいる人が多いことに驚かされます。職業人としての本分である知識や技術の習得がどうこう、という以前に「人づきあい」の面でお疲れのご様子なのです。

「上司や先輩と顔を合わせるのが憂鬱」「取引先とのやりとりに気が滅入る」「SNS上のつきあいが面倒」「人間関係全般に疲弊している（気になる異性は除く）」等々……。

しかし昔からこれらの問題は、若手の社会人にとっての〝通過儀礼〟のようなもの。「俺も、とうとういっぱしの社会人としての〝洗礼〟を受けるときがきたか」というくらいの軽いノリで、明るく乗り切ってみてください。

え？「談慶は楽天的すぎる？」

まあ、そう決めつけないでください。だって、今のあなたが置かれている状況は、私の人生の〝修業時代〟よりもはるかにマシだと思うのです（多分）。今だから笑って話せることですが……、私の修業時代の長さは、通常の人の数倍分に及びます。

大手下着メーカーの若手営業職として、３年間。

落語家として、前座時代を９年間半。

つまり**人生のうち12年半は、修業中という身分でした**（そのうえ結婚してから20年以上は妻に気を遣い続けていますから、人生の半分以上は修業期間ということになります。まあ、これは冗談でありますが……）。

営業マンにせよ、落語家にせよ、修業時代とは「周囲の環境との調整ができていない状況」で、あえて厳しくしつけられるものです。非効率的な話に聞こえるでしょうが**「人づきあいでもまれること」自体が修業**だとも言えるのです。

「『人間関係に疲れること』が、ビジネスパーソンにとっていったい何の足しになるのか？」

そんな疑問を抱く人もいることでしょう。

その答えは明快です。不合理に見える修業時代をクリアするノウハウを身につけることで、その後の人生で何が起こっても、たくましく切り開いていけるようになるのです。

もちろん、**パワハラやセクハラなど理不尽な要素が絡む人間関係には、声を上げるなり**

逃げるなり、なんとしてでも距離を置くべき。でも「話のネタにできるレベル」「人に笑って話せる程度」の辛さであれば、プラスに捉えることをおすすめします。

そもそも**「疲れている」と自覚できるあなた自身の感性を、高く評価してください**（まずは自画自賛でよいのです）。「人間関係での疲れ」を察知できるということは、感受性が鋭敏である証拠です。いい加減な気持ちで取り組んでいたり、適当に生きていたりする場合、よくも悪くも、疲れとは無縁でいるはずです。また、過度に鈍感な場合や、傲慢に振る舞っている場合も、疲れなんて感じにくいことでしょう。

「上司は、俺に不信感を抱いているはずだ」「余計なひとことを言ってしまったかも」「次に無理難題を吹っ掛けられたら、なんと答えればいいのだろう」等々……。

こんな些細なことが気になって眠れない、というあなた。私も、そのお気持ちはよくわかりますよ。でも、それくらい〝心配性〟でちょうどいいんです。小さな「気疲れ」を積み重ねていれば、不思議なもので、突然大きなトラブルに見舞われるリスクを最大限に減らせます。「気疲れ」とは、他者から見れば「細やかな心遣い」にほかなりません。**日常的なあなたの「気疲れ」（心遣い）が、大きな「気疲れ」（トラブル）の防波堤になってくれる**わけです。

またあなたが味わう「気疲れ」は、あなた以外の人、特に後進の人たちへのギフトにもなります。あなたが修業時代に味わった苦痛や失敗談を、後輩に聞かせてあげてごらんなさい。それも、ダメージの程度が大きければ大きいほど参考になりますし、ウケる、もとい、「人の心を打つ」はずですから。**自分の苦労の先に、誰かの笑顔があると思うと、多少キツくても頑張れるものでしょう?**

太宰治の名作『人間失格』は「恥の多い生涯を送って来ました」という一文で始まります。でも考えてもみてください。「恥の少ない生涯」「気疲れの少ない生涯」にどんな魅力があるでしょうか。気疲れの多い生涯だからこそ、「文学」になるわけです。

おっと、日本の近代文学に話が逸れそうになりましたが、落語にもご注目くださいね。ここで私がおすすめしたいのは**「唐茄子屋政談《とうなすやせいだん》」**です。現代風に超訳すると……。「放蕩の果てに勘当された金持ちのドラ息子（若旦那）、徳三郎がおじに助けられ、唐茄子（カボチャ）売りになり、慣れない商いに骨を折った末、最後は勘当が許される」という筋書きです。

「勘当けっこう。お天道様と米の飯は、どこに行ってもついて回る」。そう啖呵を切って家を飛び出したものの……。天秤棒を担ぐことすら難しかったボンボンの徳三郎が、額に汗して地道に唐茄子を売り歩こうとする姿に、励まされるはず。

人に弱みを見せられない
⇩
「美意識」ととらえ、自分は組織に不可欠な人材なのだと考える

「井戸の茶碗」という噺に、千代田朴斎《ちよだぼくさい》という浪人が登場します。

そもそも浪人とは、武家時代に主家を去り、禄《ろく》（給与）を離れた武士ですから、経済的に豊かな身分ではありません。しかし、その清貧さ、高潔さで町人たちから「大したお方だ」と広くリスペクトされていたものです。

朴斎も、そんな浪人のひとりでしたから、「武士は食わねど高楊枝」という武士の美徳を受け継いでいました。平たく言うと、「人に絶対に弱みを見せない」、そんな〝矜持《きょうじ》の塊〟だったのです。

「〝糞〟がつくほどの真面目人間」、そう形容してもよいでしょう。

そんな立派な了見の人が、自分が売った仏像の台座に入れていた50両を、転売先から発見されてしまうところから噺が展開します。この50両という大金を返しに来た人物こそ、仏

像を最初に下取りしたくず屋の清兵衛、彼もまた**「〝馬鹿〟がつくほどの正直者」**。

仏像を転売した細川邸の若い武士の頼みで50両を返しに来た清兵衛が「最初の持ち主であるあなたのものだ」と迫りますが、朴斎は自身のプライドにかけて断ろうとします。そんな〝意地の張り合い〟が描かれた噺です。

現代風に言うと……。

質屋に下取りに出した高級ブランドのオブジェの中に大金を入れていて、それを買い求めた一般客に大金の存在を気づかれ、質屋経由で現金を突然返されそうになり、大モメする。そう換骨奪胎《かんこつだったい》できるかもしれません。

さて、あなたがもし朴斎さんの立場になったらどうしますか？

「元の持ち主でしょう。だからお金を返しますよ」と持ちかけられたら、すんなり受け入れてしまうのではないでしょうか（謝礼金はお支払いするかもしれませんが）。

でも、朴斎さんは頑として譲りませんでした。そんな朴斎さんと若い武士の間で清兵衛がオロオロするのがなんとも面白い。**「井戸の茶碗」とはそんな〝糞真面目〟で〝バカ正直〟な人間ばかりが登場する、胸のすくような噺**なのです。

「じゃあ、いったいどうやって解決したんだ」ですって？

それは、実際に落語をきいてみてください（ヒント：第三者が出てきます）。

さて、この朴斎という浪人について、より深く考えていきましょう。

いかなるときにも「高潔であろうとする」つまり「弱みを見せようとしない」彼の姿勢は大したものです。それこそ浪人の美学、美意識だったのでしょう。

しかし、現代においてそのような〝美学〟を貫き通すのは、かなり困難なことではないでしょうか？

たとえば、そのプライベートにまで耳目が集まってしまう芸能人やアスリートなど、**「弱み」を他人に見せられない立場の人たちの孤独感というものは、絶望感に近い**ことでしょう。談志はよく「売れれば売れるほど孤独になる」とつぶやいていました。

もちろんどんな立場のお方にも、「弱みを見せたら負け」という部分は大なり小なりあるはずです。

こんな私でさえ、悲しい涙や悔しい涙は、人様の前では意地でも見せないようにしています。どんな罵詈雑言《ばりぞうごん》を浴びせられようとも、ヘラヘラ笑って耐える。それも、この世界に入ってからの修業のひとつだったからです。振り返ると、知らず知らずのうちに、無理を重ねすぎてきた部分があるかもしれません（そんな私の姿勢は、どなた様もゆめゆめ真似されませんように)。

〝無理を重ねてしまう〟原因のひとつとして、「プライドの高さ」が挙げられるように思います。**プライドとは、高ければ高いほど、本人を追い詰めていきがち**です。ことほどさように、プライドとは厄介なものなのです。

では私たちは自分自身の「プライドの高さ」と、いったいどうやってつきあっていけばよいのでしょうか。

私は自分に都合よく**「プライドの高さ＝周囲からの信頼性の高さ」**と解釈しています。

「人に弱みは見せまい」と振る舞うからこそ、周りからの評価もついてくるわけです。

ですから「人に弱みを見せられない」と悩む御仁は、**「自分は組織に不可欠の人材なのだ」**と言い聞かせ、そのまま突き進んでいかれることをおすすめします。

……いかがでしょう。そう捉えてみると、なんだか力が抜けてきませんか(笑)。

この「井戸の茶碗」は、「寿限無《じゅげむ》」「時《とき》そば」などと並ぶほどの、古典落語の名作です。

多くの音源が存在するので、ぜひYouTubeなどで視聴してみてください。

2人の〝大馬鹿者〟の掛け合いに身を委ねているうちに、**「そこまで片意地を張らなくてもいいじゃないか」「弱みを見せてもまあいいじゃないか」**、そう思えてくるはずです。

思っていることを相手にうまく言えない

⇩心根の優しさ、謙虚さの表れである

「半分垢《はんぶんあか》」という変わった題名の噺があります（別名「富士の雪」「垢相撲」）。関取とそのおかみさんの掛け合いが軸になって進むスタイルです。

注目してほしいのが、このおかみさん。悪気がないどころか、至極善人で、夫のために心を砕いているのに、**物言い（言葉遣い）について関取からダメ出しをされ続ける**……というなんとも気の毒なお人なんです（相撲取りだけに、「物言い」にはこだわりが強いのでしょう。あ、これは冗談ですが）。実際にご紹介してみましょう。

巡業から帰ってきた関取が家でぐっすり眠っているところに、贔屓《ひいき》の客が訪れます。

「巡業中は太るものだから、さぞかし大きくなっただろう？」

そう尋ねる客に、おかみさんはここぞとばかりに大ぼらを吹きまくります。

「**3年ぶりに、見違えるほど立派に大きくなって戻ってまいりました**。ズシン、ズシン、

ベリバリボリバリと地響きが起こり、大声で屋根の瓦は飛び、雨戸が外れてしまいました。驚いて外へ飛び出した途端、大きな柱におでこをぶつけたと思い、よく見ると、それは関取の臑《すね》でした。その背は2階の屋根よりも高く、頭は一斗樽《ひとだる》のようで目玉は炭団《たどん》ほどもありました。ですから、家の裏の雨戸を外して、這って入らせました。ここに戻る途中で、牛を2頭も踏み殺したそうです。朝飯を5升食べ、今は布団を3枚つなげて寝ていますが、へそまでしか覆えません」

一部始終をこっそり聞いていた関取は、あとでおかみさんに自慢をせぬよう注意します。「三島の宿から富士を見て、大きなものだと感心していたら、そこの婆さんが『大きく見えても、あれは半分雪』と謙虚に言ったんだ。日本一の山だからといって、決して自慢はしなかった。その婆さんの奥ゆかしさに、かえって富士が大きく見えたものだ。〝卑下も自慢〟とはそういうことだ」

その後、今度は別の贔屓客が現れ「関取を一目見たい」と所望します。注意されたばかりのおかみさんは、できるだけ謙虚に振る舞おうと、今度は卑下しすぎてしまいます。「**いえいえ、関取は小さく小さくなって戻ってまいりました**。蚊の鳴くような声で呼ぶので、外へ出てみますと下駄の刃の間に挟まっておりました。頭は一口饅頭《まんじゅう》ほど、目はあずき粒くらいしかありません。戸の節穴からスルッと、あぶら虫のように入ってまいりました。朝飯を5粒ほど食べて、今は座布団で寝ています」

奥にいた関取は、あまりの卑下っぷりにいたたまれなくなり、出てきます。

「話と違う。えらく大きくて立派じゃないか！」と驚く贔屓客に、おかみさんは返します。

「いいえ、こんなに見えましても、半分は垢でございます」

さて現代の私たちも、自分を大きく見せようとしたり、謙遜しようとしたり、物言いには気を配るわけですが、自己についての言及は、やはり難しいもの。熟考しすぎて返答が遅れたり、感極まって言葉にできなかったりすると、「思っていることを相手にうまく言えない」と苦しくなる人も多いようです。

いくらほかの能力が高くても、どれだけヤル気に満ちていても、どんなに大きな好意を相手に抱いていても……。「うまく言えない」というだけで、会話が転がらない。相手との心の距離が縮まらないような気がしてしまう。

「だから思っていることを、うまく伝えたい！」、そんなお気持ちはよくわかります。

実際、「話し方」「伝え方」にまつわるビジネス書は山ほど出ています。でも、それらを読んで、意識を変えたり話し方を身につけたりする必要が、本当にあるのでしょうか？

より本質的な改善策として私がおすすめしたいのは**「俺にはきめ細かさがあるのかもし**

れないぞ」と自分をほめ、場数を踏んでいくことです。

そもそも言葉とは、人を刺す武器にも、人を喜ばせる花束にもなるもの。その両極端な性質に気づいているからこそ「軽はずみなことは言えない」と、慎重に言葉を選んでいるわけです。だから、雄弁じゃない。流暢でもない。もしかすると「堂々としていない」「自信がない」ように第三者からは見えるかもしれません。でも、それでいいじゃないですか。言葉を丁寧に取り扱う人が失言する確率は、限りなく低いことでしょう。

それに、堂々としていなくてもいいんです。自信なんて、なくてもいいんです。

私の尊敬する表現者のおひとり、坂口恭平さんが以前、次のような主旨のツイートをしていらっしゃいました。

「自信がない」という悩みを坂口さんに持ちかける人が、やっぱり多いのだそうですが……。坂口さんご自身が、「自信満々の人」を信用できないから、「なんとも言えなくなる」のだとか。また「自信がない人」しか信用できないし、友達にもなれないし、一緒にいたくない、とも。その理由は「自信を持っている人」は、「たいていどこか勘違いしているから」というものでした。

私もこの意見に全面的に共感します。「思っていることを相手にうまく言えない」という人に、**心根の優しさ**、**きめ細かさ**を感じます。**何より謙虚で素敵**じゃありませんか。

「嫌い」「許せない」と思う人がいる
⇩ 「許す」必要はない。いろんな人がいると認めればいいだけ

「三方一両損《さんぼういちりょうぞん》」という落語があります。講談からつくられたとされ、頓智《とんち》の利いた「大岡裁き」にしびれる噺です。

金太郎という左官職人が、往来で3両の金が入った財布を拾います。中にあった書付を見て、持ち主である大工の吉五郎に返しに行きます。

しかし吉五郎は、誇り高き江戸っ子ゆえに突っぱねます。

「もはや手から離れたものは、俺の金じゃない。金は受け取れねえ！」

しかし、金太郎とて江戸っ子ですから食い下がります。

「冗談じゃねえ、そんな金もらうわけにはいかねえ！」

両者言い張る中、奉行所に持ち込まれることになり、大岡越前守《おおおかえちぜんのかみ》（大岡忠相《ただすけ》）が裁くことになります。越前守は、「どちらの言い分ももっともで、一理ある」と認めます。そこで、

自らの1両を加えて4両とし、「2両ずつ金太郎と吉五郎に分け与える」という沙汰を下しました。

つまり、金太郎は3両拾ったのに2両しかもらえず「1両損」、吉五郎は本来3両落としたのに2両しか返ってこず「1両損」、大岡越前守は裁定のために1両を支払い「1両損」。**「三方が1両ずつ損し合った」**という筋書きです。

談志はこの「三方一両損」を、「江戸っ子の気概溢れる噺」として捉えていました。晩期には、落語の本質を**「江戸の風」**と言い切るようになっていましたが、その予感を見いだしていたのかもしれません。

ともあれ**「損をシェアする」**という発想が、すっきり爽やかな気分にさせてくれる噺です。非常に感動的な噺なのですが、実は地口《じぐち》（駄洒落）オチ。談志は、その「馬鹿馬鹿しさがいい」ともよく言っていました。ですから、粗筋を読んでいただくだけでなく、ぜひ実際の口演をきいていただければと思います。凝り固まった心が、一瞬にしてずらされ、ほぐされるような感覚を味わえるはずです。

さて、この噺は、「好き嫌い」という感情について、ある見方を教えてくれているように思います。人間ですから、人間関係において「好き嫌い」があるのは当たり前。

無論、私だって聖人君子ではありませんから、「好き嫌い」という感情はあります。

もっと言うと「嫌い」「許せない」と思うことだってゼロではありません。でも、大人ですから、それらを露骨に表に出さないだけの話。

大事なのは**「嫌い」「許せない」という感情が湧き上がってくることに、罪悪感を抱かないこと**です。「ネガティブな感情を持つのはよくない！」と本心を抑え込もうとすれば、それはたちまちストレスのもとになってしまいます。「偽りのない本心を原動力にしてできること」を探したほうが得策です。

人づきあいを指南するビジネス書の中には「どんな人とも協調してうまくやっていきましょう」「まず相手を許しましょう」などと説くものも見受けられます。

でも、**本心を曲げてまで、相手と協調しなくていい**んです。

無理をしてまで、相手を許さなくてもいいんです。

落語の世界を見てください。**「嫌い」「許せない」という感情を偽わろうとする人物なんて皆無**です（もしくは、よほどの事情があるときです）。

もちろん、感情を露わにしてしまうなんて、子どもでもあるまいに、ピュアすぎます。

そんな人たちが「江戸」という狭いエリアに密集していたから、至るところで日常的に喧嘩が頻発していたわけです。それはまるでスポーツ感覚だったのかもしれません。

とはいえ、ある意味「喧嘩＝娯楽の一種」だから、カラリとしたもの。今みたいに「すれちがいざまに軽くぶつかっただけなのに、殴り合いに発展し、どちらかが重傷を負う」なんて陰湿な結果にはなりにくかったようです。天災や火事などが多いストレスに満ちた時代でしたから、喧嘩が一種のガス抜きになっていたのでしょう。

もちろん今の世の中も、ストレスフルです。ただでさえ心に負荷をかけすぎているのに、「嫌い」「許せない」という本心に蓋をしてしまったら……。**ネガティブな感情が溜まりに溜まって、早晩爆発してしまうことは火を見るよりも明らか**です。あるがままのあなたでいてください。

大事なことなので繰り返しますが、イヤな相手のことを、自分の中で「許す」必要はありません。ただし、**「世の中（組織）にはいろんな人がいて然るべき」「多様性が尊重されるべき」**ということは強く認識しておいてください。あなたとは、たまたま反りが合わなかったかもしれませんが、その人はその人なりの役割をおそらく担っているのです。

さらに心の余裕があるならば……。

あなたが憎く思う相手にも、大事な両親や家族、友人がいる。もしかすると恋人だっているかもしれない。そんな風に、見方をがらりと変えてみてください。

人からの頼み事を断れない
⇩ 頼まれない人の方が多い。自分を成長させるチャンス

「人情八百屋《にんじょうやおや》」という噺があります。談志が元となった浪曲をきいて「いい話だ」と落語に仕立てたもので、もともとは講談ネタだったようです。短いながらも粋な噺です。

八百屋の平助《へいすけ》が、貧乏を極めた一家を見るに見かねてお金を与えたところから、始まります。長くなるので、途中は割愛しますが……。

両親を失って残された子ども2人を預かっている火消し（今で言う消防士）の鉄五郎と出会った平助が彼に見込まれ、子ども2人を預かることを決意する。

そんな江戸っ子らしい人情噺です。

この鉄五郎が平助に「子どもを預かってほしい」と頼み込む場面が、なんとも涙を誘うのです。

「俺は貧乏で2人を食わしていくことができないんだ。子どもたちだって遠慮して、不味い物を食わしても『姉ちゃん、旨いね』と言ってくれるんだ。それに俺は火事場で、いつ火に巻かれて死ぬかもわからない身分だ。子ども1人ならなんとかなるんだが……。兄貴、なんとかもう1人の面倒を見てやってくれないか」

胸を打たれた平助は、自分たち夫婦も決して楽な暮らしではないのに、断り切れず、引き受けてしまいます。そして、ここが予想外の展開なのですが「1人ではなく2人を一緒に引き取りたい」と自ら申し出るのです。

「では、どちらを連れていく？」

「いえ、2人とも面倒を見させてください。**兄弟は2人でいればこそ**、です。嬉しいことも悲しいことも、何でも話せて、支え合って生きていけるものですから。いったん戻って婆さんに話して、改めて迎えに来ます」

「有り難うよ。子どもたちには仕立て下ろしの着物を着せて引き渡す」

赤の他人の子どもを2人も引き取って育てるだなんて、(私も含めてですが)なかなかできることではありません。でもこの噺、きき終わったあと、なんだか気持ちがいいんです。主人公の気概に触れることで、こちらも鼓舞されるからでしょうね。

落語はいつも時空を超えて、私たちに一筋の光をもたらしてくれます。

ここまでお読みいただくと、もう〝美談〟としか思えないかもしれませんが、最後はよくできた地口オチで終わります。

「江戸っ子の良さが行きすぎてしまうと、今度は野暮になる」というのが談志の持論でしたが、そんなバランス感覚が反映された見事な作品です。


さて、この「人情八百屋」の主人公・平助に注目をしてみましょう。

彼は、今風に言うと「頼みやすい人」、逆に言うと「断れない人」と形容できます。

明らかに面倒なことを、周囲から押し付けられたり、背負わされたりしてしまいがちな人。どこのコミュニティにも、ひとりはいますよねぇ。

サラリーマン社会で言うと「厄介な案件を振られる人」「帰り支度を始めた途端に、突然残業を頼み込まれる人」「面倒な取引先を、一手に担当させられる人」……。

「なぜ俺はいつも断れないのか」と自責の念にかられている人は少なくないはず。私もどちらかというと「断れない人」ですから、皆さんのお気持ちはとてもよくわかります。

でも、どんな組織でも、そこに属している限り、立場的に断れないことは山ほどあります。ですから、「上手な断り方」を模索するより、潔く引き受けてしまったほうがいい。そして**「自分を成長させるチャンス」に変えたほうがいい**。私はそう思います。

そもそも**「お願い事をされやすい人」**は、**その能力を周囲から高く評価されている**わけです。誰だって、頼み事をするなら優秀な人に声をかけたいですもの。だから、まずはその事実を誇りに思いましょう。

また経験上感じることですが、人には「こなせばこなすだけ処理能力が上がる」という性質が備わっています。たいていの場合、仕事を引き受ければ引き受けるほど忙しくなるものですが、同時に要領もよくなります。また経験値がアップするわけですから、仕事の質も自ずと上がるものです。

ソニー元副社長・大曽根幸三さんは「急ぎの仕事は忙しい奴に頼め」という金言を残していますが、それは理に適ったことかもしれません。

最後に総括しておきましょう。

頼まれ事を引き受けたあとは**「信頼された」「高く評価された」**と捉え、処理能力を上げることに心を砕き、精一杯尽力しましょう。世の中を見回してみてください。**「頼まれ事をされない人」のほうが、実は大多数**なのですから。

さらに見方を変えると「頼まれ事を断れない人」とは、相手の立場を慮ることができる「優しい人」に違いありません。また**増えた負担と引き換えに、大きな喜びを得られるはず**ですから、「断れない人」でもいいんじゃないでしょうか。

人に嫌われているような気がしてしまう↓

⇩「他人目線」での自己チェックに長けている

「百年目」という落語があります。三遊亭圓生《さんゆうていえんしょう》師匠という昭和の大名人が磨き上げた人情噺です。

主人公は、治兵衛《じへえ》。大店《おおだな》の旦那に一生懸命尽くしていた堅物一辺倒の一番番頭です。**実は彼はいっぱしの遊び人で、それが花見の席をきっかけに旦那に知られてしまい落ち込む、という筋書き**です。

「積み上げてきた信用が、一瞬で崩れ去った。来年はせっかく店を持てると思っていたのに、旦那に遊び人という強烈な悪印象を与えてしまった」

そう思って一睡もできなかった翌日に、旦那が治兵衛を呼んで諭す場面が有名です。

……と申しましても、この旦那がまたよくできた男で、単刀直入に本題に斬り込むような無粋なことはせず、説教の前に〝隠れ遊び人〟の治兵衛をねぎらいます。もちろん、治兵衛は旦那に呼ばれた時点で既に生きた心地がしていないわけですが、意外なねぎらいの言葉で救われるわけです。

この場面を現代に置き換えた場合。効率第一の世の中ですから、おそらくいきなり叱責から始まると思うんですよね。しかもパワハラ気味の上司の場合「だから、お前はこうなんだ」なんて勝手に決めつけられたり、人格の部分まで攻撃されたり、追い込まれたりするかもしれません。まるで管理職の見本とでも言いたくなるのが、この「百年目」に出てくる旦那なのです。

さて「人に嫌われているような気がする」というお題について考えてみましょう。私はこの人格者の旦那が好きなもので、彼につい焦点を当てすぎてしまいましたが、〝隠れ遊び人〟の治兵衛の人となりについても、補足しておきましょう。

そもそも治兵衛は、大店の中では嫌われキャラです。真面目すぎるといいますか、店の手代や小僧など、ほかのスタッフ勢に小言ばかり言って、煙たがられていました。要は〝完璧主義〟とも形容できるかもしれません。

そんなストレスが溜まりに溜まっていたせいなのか、花見の席で大酒を飲んで醜態をさらしてしまうわけです。かんがみるに、治兵衛は「人に嫌われている」と常時感じていたのではないでしょうか。大店の一番番頭で、多くの人間を使い、回していくという立場にあるわけですから、そりゃあストレスは溜まりますよね。

現代にも、治兵衛のような人は多いはず。もしかして、あなたの中にも「治兵衛的な傾向」はないでしょうか？

確たる証拠もないのに「俺はどうせ嫌われている」と引け目を感じてはいませんか？その結果、あらゆる局面で積極的になれず、当然気になる人に接近することも難しい。そして自分自身をもどかしく思い、自己嫌悪に陥ってはいませんか。

でも、よく考えてみてください。

「俺はどうせ嫌われている」と**謙虚にわきまえて振る舞っている人のほうが、周囲に優しいわけですし**、迷惑をかけることだって格段に少ないはず。

なぜなら、**対外的なレーダーが敏感すぎるゆえに、あらゆるトラブルを未然に防げているからです。**

「相手に不快な思いをさせていないか」というエチケットをわきまえているわけですので、周囲から大切にされるでしょうし、モテる可能性だって高いはずです（あくまで可能性の話ですが……）。

言うなれば、**自分自身を抑えることに長けた「ブレーキ上手」**というわけです。

ですから「どうせ嫌われている」と悲観視しがちな人は、自分自身をむしろ誇りに思ってください。あなたは**「他人目線」（他人の立場で自分を客観視したときの目線）での自己チェックに長けている**わけですから。

そんな人は、**えてしてサービス精神も旺盛**なもの。「相手が喜ぶツボ」を先回りして察知する能力に秀でているはずです。あなたの潜在的な能力を、ゆっくり引き出していきましょう。

「自分が相手に好かれているかどうか」という対外的なレーダーは、誰にでも備わっています。ただ、その性能に個人差があるだけなのです。

人をレーダーの性能で分類してみた場合。「俺はきっと好かれているはずだ（嫌われてはいない）」と楽観的に判断しがちな人と、「俺はどうせ嫌われている」と悲観視しがちな人。この2種類に大別できるような気がします。

そしてしくじりをしやすいが経験値が上がるのは、前者。先に相手の気持ちを考えることができるのは、後者、ではないでしょうか。

どちらにも、良い悪いなんてないのです。

他人の些細な言動が気になってしまう↓

⇩感受性が強いという〝能力〟を「対組織」に活かす

「長短《ちょうたん》」という短い噺があります。気長な性質の長さんと、気の短い短七。正反対の性格でありながら、なぜかウマが合う2人の噺です。

ある日、長さんが煙草に火をつけようとしますが、なかなかうまくいきません。短気な短七は、それを見ているだけで、イライラが募ります。ようやく火がつき、吸い出したものの、長さんの悠長な吸い方に我慢ができず、短七は見本を示します。

「煙草なんて、こうやって吸うもんだ」

短七が火をつけて、煙管《きせる》をはたく……という動作を繰り返すうちに、火玉が袖口からスッポリと着物の中に入ってしまいます。

しかし短七はまったく気づきません。長さんは、恐る恐る尋ねます。

「短七つぁんは気が短いから、物を教わることは嫌いだろう?」

「ああ、大嫌いだ」

ためらう長さんは、丁寧にゆっくりと問いを重ねていきます。

「じゃあ、俺が、教えてもイヤかい？」

「いや、お前と俺とは幼馴染だから大丈夫だ。何でも教えてくれ。怒らねえから」

「……ほんとに、怒らない？」

そうこうしているうちに、着物に焦げが広がってしまう、というなんとも落語らしい間抜けな2人の噺です。

この「長短」は5分程度の短い時間でも完結させることができるため、多くの落語家によって演じられています。私もよく高座《こうざ》にかけますが、その度に、短七に談志の姿を重ね合わせてしまいます。談志は、短七そのものだったのです。「早く！　早く！」が口癖で、身の回りのことをパッパッと手際よくこなすと、とても喜んでくれたものでした。

自分の師匠のことをよく言うのは、口はばったいのですが……。実際、談志は非常に頭のいい人でした。考えるスピードが速いだけではありません。**感受性が強く、類推もできる、気配りもできる。しかし目端《めはし》が利きすぎるゆえ、「他人の些細な言動が気になって仕方がない人」**でもありました。そばで見ていて「なんてしんどい生き方だろう」と、驚嘆させられたものです。

もしかすると、あなたも繊細、鋭敏な心の持ち主で、しんどい日々を送っているかもしれません。しかし「目端が利く」(頭の回転が速い、才知がよく働く、機転が利く、気配り上手)というその長所を、最大限に活かしてほしいと思います。

「周囲の些細なことに気づける」という能力をごく狭い範囲で発揮しているだけなら、非常にもったいないことです。たとえば、同居している家族の気になる言動について、逐一指摘をしているだけなら、あなたの能力は宝の持ち腐れに終わるでしょう。

しかし、もし**あなたがその能力を「対個人」ではなく「対組織」でうまく発揮できた場合、業務を改善するアドバイザー的な仕事として成立するはず**です。もしくは、**所属している組織の問題点を見つけて改善していく立場になり、リーダーシップをとっていける**ことでしょう。

もちろん、その場合は**「マイナスのこと」を指摘して終わるのではなく、具体的な改善案を同時に提示すること**も求められます。また**粗探しに明け暮れるのではなく、「優れた点を探し出して伝えること」**も重要になります。

つまり、コンサルタント的、相談役的な立場で、「他人の些細な言動が気になる」という特質を発揮すればよいのです。実際、他人の些細な言動には、マーケットが隠れていることが多いもの。**「声なき不満や、見えにくい不便さこそ、飯の種になりやすい」**、そう視点を変えてみてください。

要は〝辛辣なだけの批評家〟ではなく〝改善策も提案できる相談役〟を目指せばよいわけです。あなたの「お見立て」が正確であればあるほど、人様や世間様のお役に立てることになります。

たとえて言うと……。

談志が私ひとりに対して投げかける小言は、私の成長の栄養分にしかなりません（当時のことをネタとしてこうやって本に書かせてもらっているわけですから、社会に少しは還元できているのかもしれません）。

でも、談志が世相を語り、現代を批評した話がメディアに取り上げられた場合。何万人という単位で耳目《じもく》を集め、多くの方の心を、（よくも悪くも）ザワつかせていたものです。

それとよく似たことじゃあないでしょうか。

「他人の些細な言動に気づいても、黙っているようにしよう」

そう考えている方もいるかもしれません。けれども、そういった抑圧の方向にエネルギーを使うのはもったいないことです。

「人様や社会全体の些細な動きが気になってしょうがない」からこそ、落語界のみならず、芸能活動や作家活動などの「発信」をやめなかった談志のように、「芸」として昇華する方向を目指してみるのも、いいモチベーションになるのではないでしょうか。

人前でうまく笑えない

⇩「愛想」のコントロールができればむしろ信頼される

「俺はなぜ愛想笑いができないんだろう」「そもそも愛想笑いってできなきゃダメ？」

そうお悩みの方に、ぜひきいていただきたいのが「明烏《あけがらす》」という噺です。

19歳だというのに子どもたちとたわむれ、本にかじりつき、女性となればたとえ雌猫でも鳥肌が立ってしまう……。そんな品行方正すぎる若旦那、時次郎が主人公です。

「いい若い者がこんなに堅すぎては、後継ぎとして世間づきあいに差し障る」

見かねた父親が、町内きっての札付きの遊び人2人を引率役に選び、「息子に遊びを教えてやってくれ」と、時次郎を吉原《よしわら》に送り込む。そんな筋書きです。

この父親による計画が、なかなか手が込んでおりまして……。

なにせ**行先を「吉原」ではなく「お稲荷様のお籠《こも》り」と偽り、こまごまと注意してから**

時次郎を送り出すのです。策士ですよねぇ。

「お賽銭が少ないとご利益が少ないから、向こうへ着いたら便所に行くふりをして、お前が巫女《みこ》さんたちに全部払ってしまいなさい。**あの遊び人たちは札付きのワルだから、割り前なんぞ取ったら後が怖い**」

もちろん時次郎は、その言葉を素直に信じ込みます。そして、あろうことか、父親の言葉を遊び人2人にそっくりそのまま、**「後が怖い」**というところまで、面と向かって伝えてしまうのです（彼には、悪気なんてまったくありません）。

時次郎はまさに「真面目が服を着て歩いているような人間」で、よくも悪くも裏表がなく一本気で、ある意味〝ピュア〟なのです。

もし彼が武士などの支配階級の人間だとしたら、〝純粋培養〟なままでも、世の中をなんとか渡っていくことはできたでしょう。

しかし実際は、商売人の倅《せがれ》です。せめて外面だけでも常に愛想よく振る舞い、清濁併せ呑むような人物でなければ、商いなんて到底できません。ましてや大店の旦那なんぞ、務まりません。そこを危惧した父親が、「町内の札付きの遊び人」というコミュニティの力を借り、息子の成長を促していくという成長譚《たん》です。

この父親がまた、酸いも甘いも嚙み分けた粋な大人なんです。いっぺんに好きになっちゃいますよ。「明烏」をぜひ全編通して、実際にきいてみてくださいね。

さて、現代においても〝時次郎タイプ〟の人は多いはずです。

でも、いいじゃないですか。私は彼のような真面目な青年をとても好もしく思います。見方を変えると「お調子者で、八方美人で、世辞ばかり言い、愛想笑いしている人間」よりも、むしろ信頼の置けるタイプかもしれませんよね。

ただ、本人が「俺も愛想笑いができるようになりたいなぁ」と感じている場合。こう捉えてみてはいかがでしょう。

「愛想笑いができるようになりたい」という願望は、「コミュニケーション能力を高めたい」という気持ちがある証拠。そんな向上心があること自体、まず「偉い」と思います。

「相手を不快にさせたくない」「より円滑につきあいたい」、そう考えているだけでも立派な了見ではないですか。

「適当にヨイショしてりゃ、世の中なんとなく渡っていけるだろう」と軽く捉えている〝太鼓持ちタイプ〟よりも、〝時次郎タイプ〟のほうがよっぽど好かれるはずです。

では、核心に斬り込みますよ。

「愛想笑い」とは、相手にただ媚びるだけの「お追従《ついしょう》笑い」だと思っていませんか？

そして「愛想笑い＝自分の本心を偽ること」だと認識してはいませんか？

50年以上も馬齢を重ねた身として言わせてもらえば……。

「愛想笑い」とは、相手の懐に一瞬で飛び込める「通行手形」のようなもの。今風に言うと、さしずめ、**「コミュニケーションに参加するためのチケット」**です。

そんなチケットを持った人同士が集まるからこそ、優しく温かい空間が一瞬にして形成されるわけです。

「愛想笑い」をしていることで、「私はあなたと親しくなりたいと思っていますよ」「あなたのことを理解していますよ」「お役に立ちたいと思っていますよ」という「共感力」を、周囲に一瞬にして伝えることができるのです。

言い換えると、**ちょっとした「愛想笑い」だけで、そのコミュニティにすんなり溶け込むことができる**のですから、これほど楽なことはありません。

もっと言うと、「愛想笑い」なんて、即座にできるようにならなくてもいいんです。

極論を言うと「愛想笑いをしよう」と思っているだけでも十分。そういう気持ちがあるということは、相手にもきっと伝わっているはずですから。

人様にどう思われているかなんて気にしすぎず、
自分自身にもう少し目を向けてみたらどうだい。
案外、自分の能力や魅力を見落としてるってだけ。
そんなのもったいないだろう。

第2章

粗忽者に学ぶ「自分の許し方」

自分のことが嫌いで自信が持てない

⇩自分を否定的に捉えて見えてくるものはたくさんある

「宮戸川《みやとがわ》」という落語があります。主人公が、ある女性の力を借りて「一人前の男に成長する」という噺です。

若い時代は特に、自分のことがなかなか好きになれなかったり、自信を持てなかったりすることがあるかもしれません。でもこの「宮戸川」をきくと「自信がなくてもいいんじゃないか」「むしろ、自信なんてなくてよかったかも」と思えてきますよ。

質屋の倅・半七《はんしち》と、向かいの船宿の娘・お花が、たまたま同じ日の夜、遊んで帰りが遅くなり、それぞれの親から締め出しを食らってしまいます。

2人はやむなく、半七のおじの家に泊めてもらうことに。

気を利かせたおじは、2人を2階に上げてひとつの布団に寝かせます。

「半七の奴、女嫌いだなんて言ってやがったが、あてになんねぇなぁ」

ところがおじの予想に反して、２人はなかなか布団に入ろうとしません。おじにせかされ、２人は背中合わせに寝ますが、半七はお花を寄せつけません。

それから雷を恐れる振りをして、お花が半七にしがみつき……。要は、二枚も三枚も上手なお花のリードで、２人が結ばれるという噺なのです。

この噺を抽象化すると、「男が一人前になるには、女性の助けが必須だった」という真理を伝えてくれているようにも感じます。

あまり知られていない事実ですが、そもそも落語の世界には「女性上位」の思想が横たわっています。女性蔑視《べっし》を想起させるような場面は思い出せないのです。

それどころか、女性がだらしない男を助けてくれたり、導いてくれたり。つまり、女性のほうが優秀だったり、力を持っていたりするわけです（無論、例外はあるかもしれませんが）。

落語の世界を見るにつけ、武士はともかく庶民は、女性を大事にしていた様子がうかがえます。なかでも目立つのが、この半七のような「自信のない男」です。もしかすると半七は**「自信なんかなくたって当たり前」**と教えてくれているのかもしれません。**若いときは誰でも「自信がない状態」がデフォルト（初期設定の状態）**なのかもしれません。

そういえば、**あの談志ですら、「自信家」とは随分とかけ離れていた**ものです。

メディアが好んで取り上げるのは、確かに堂々とした「自信家」の談志でしたが、本当の談志は「繊細すぎる小心者」という形容がぴったり。

その証拠に、談志はメディアを席捲し、大御所になってからも、自宅では地味に落語を練習していました。

思うに、稽古をすることで、自信を少しでも回復しようとしていたのでしょう。「高座に上がれば、なんとかなる」、そんな正常性バイアスとは無縁の努力家でした。

若い頃から「天才落語家」という称号をほしいままにした談志ですが、実際は、気の遠くなるような努力を積み重ねてきた芸人のひとりだと思います（芸なんて終わりがないものですから、それくらいでちょうどいいのかもしれません）。

話を本筋に戻しましょう。

繰り返しますが、若いときは「自分のことが嫌い」「自信を持てない」などと思い込むことは珍しくありません。それはもしかすると、その後の成長のための必要悪としてプログラムされている、人類にとっての大事な期間なのではないでしょうか。なぜなら、**自分のことを否定的に捉えることで初めて見えてくるものも、確かにあるから**です。

だからまず、短絡的に自己嫌悪に陥らないこと。そして、**「自信がなくて自分のことを嫌いなくらい繊細な人のほうがむしろ好感度は高い」**という事実を知ってください。

だって「自分が嫌い」「自信がない」という人は、相手を責めたりはしませんもの。無理難題を押し付けるようなこともしませんもの。

それに、「勝負の土俵」から離れているから、競おうともしません。

今風に言うと「マウントをとる」こととは無縁なわけです。そんなお人に、ご縁は自ずと集まるものですよねぇ。


自信がない人は概して、よい意味で自分を客観的に見つめることができています。

私が尊敬する大先輩のおひとりに、グレート義太夫《ぎだゆう》さんがいます。

義太夫さんのSNSは、夜郎自大《やろうじだい》なところがありません。つまり「俺が、俺が」と自慢しようとしたり、自分を大きく見せようとしたりするところがないのです。必ずと言っていいほど「自分を落として笑わせてくれる形」になっていて、ほっと和むのです。

「自信に満ちているから」といって高く評価されたり、好かれたりするとは限りません。就職試験の面接マニュアルには「堂々と自信に満ちた話し方で」なんて書いてあったかもしれませんが、真に受けすぎなくていいんですよ。

うまくいかないのは全部自分のせいだと思ってしまう

⇩責任感が強いということ。それを良い方向に利用する

「粗忽長屋《そこつながや》」という有名な粗忽噺があります。同じ長屋に住む粗忽者コンビ、八五郎《はちごろう》と熊《くま》五郎《ごろう》が『生きている熊さん』と『死んだ熊さん』、2つの肉体が存在する」と錯覚する噺です。ナンセンスというか、哲学的な落語です。

この「粗忽長屋」は、実は談志の十八番のひとつ。談志は八五郎の〝粗忽さ〟というよりも、むしろ〝思い込みのすごさ〟〝主観の強さ〟に惹かれていたようで、「主観長屋」と改題して、よく高座にかけていました。

ある日、浅草観音詣でに来た八五郎は、身元不明の行き倒れた死骸に出くわします。顔を確認し「こいつは今朝会った熊五郎だ」と役人に言いますが、「こいつは昨晩からここにいるので別人だろう」と否定されます。

「何言ってんだ、本人は死んだのを忘れているんだよ」

八五郎は急いで長屋に戻り、熊五郎を説得します。

「お前はそそっかしいから、悪い酒にあたって死んだのも気づかずに戻ってきたんだ」

「そう言われてみると、今朝はなんだか気持ちがよくねぇなぁ」

八五郎はピンピンしている熊五郎を連れて、浅草観音へ共に舞い戻ります。

死骸を確認した熊五郎は、それが自分であると納得します。役人に「倒れているのは、お前さんじゃないぞ」と諭されても構わず、死骸を引き取ろうとします。

「遠慮するな、自分の死骸なんだから」

「でも兄貴、わからなくなったよ。抱かれているのは確かに俺だが、抱いている俺は、いったいどこの誰だろう」


私もこの噺が大好きなのですが、いつも八五郎の「主観の強さ」、つまり思い込みの激しさが気になります。

思い込みが激しい人は、問題意識や当事者意識が強くなりすぎる傾向にあります。その結果、大きな問題に突っ込んでいったり、困っている人を助けようと骨を折ったり。

だからもし、現代に八五郎が生きていたら、組織で働くビジネスパーソンだったら、あっという間に疲れてしまうんじゃないかと……。

もしかして、あなたも〝八五郎タイプ〟ではありませんか？

主観が強い人は、思い込みも強くなる。周囲で起こることにも積極的に関わっていきがちです。そして、何でも「自分のせい」と感じてしまう。つまり**責任感が強い**のです。

その性格が、**よい方向に働けば問題はない**でしょう。

たとえばそんな人が組織のトップになったら、全体はよい方向に回り始めるに違いありません。リーダーシップを発揮して、メンバーを率いていけるはずです。

また「悲観的な人」の気持ちを熟知しているわけですから、キャリアの浅いメンバーにも寄り添える。きっと「相談しやすいキャラクター」でしょう。

ただ、その性格が悪い方向に作用すると大変です。何でも「私のせい」と責任を感じてしまい、ときには罪悪感にもかられ、常にしんどさを背負いこむ羽目になります。

私の知人が、極端な例を教えてくれたことがあります。

「職場で起こるさまざまな不運な出来事を『すべて自分のせい』と捉えてしまう社員・Dさんがいます。彼は自分自身を疫病神だと思い込んでいるかのよう。何の根拠もないのですが、いったいなんと言えばよいのでしょうか」

Dさんはおそらく感受性が強くて優しい人なのでしょう。そして、帰属意識が強く、組織を愛するあまり、なんらかの形で貢献をしたいと願っている。会社のことが、「我がこと」なのです。

だからDさんのようなヤル気のある人には、大きな仕事を任せるなり、早く上に立ってもらうなりすればいいんです。

とはいえ、突然そうもいきませんよね。いったいどうすればよいのでしょうか。

Dさんのように「私のせいで」と自分自身を省みることができる人は、組織全体の緩衝材として活躍できる人材です。大した実績もないのに「俺のおかげで」と威張りたがるような夜郎自大のキャラクターとは正反対で、誰もが相談したくなるキャラクターであることは間違いありません。

もしあなたにもDさんのような要素がある場合、息苦しさや生きづらさを、日々感じているかもしれません。

「まずは与えられた役目を全うすること」を目標に掲げ、自分自身を楽しませることに、もっと心を尽くしてみてはいかがでしょうか。長い人生なのですから、したたかに自分の感受性を守ることも大事です。

人様の困難まで背負いこもうとする立派な了見の人を、神様が放っておくわけがありません。自分に大きなチャンスが巡ってくるまで、体力を温存しておきませんか。

誰からも理解されていないと思ってしまう

⇩日本の人口1億人超、世界の人口70億人超、1人は必ず理解者がいる

「らくだ」という大ネタをご存じでしょうか。これも談志の十八番のひとつです。喜怒哀楽のすべてをひとりで演じ切ってしまう落語のすごさ、描かれている人間の業の深さ……。談志の口演に戦慄が走った私は、すぐさま弟子入りを決意したほどです。

タイトルにある「らくだ」とは、長屋の住人らに迷惑をかけ続けた主人公の狼藉者《ろうぜきもの》のあだ名です。ですが、**彼がふぐにあたって絶命したところから噺が始まる**ため、噺の中でらくだが話すシーンはありません。

ひとことで言うと、らくだが死んだあと、その兄貴分である「丁の目の半次《はんじ》」が、通りかかった「くず屋の久六《きゅうろく》」を引き込んで脅し続け、らくだの葬式のために1日を棒に振らせるという筋書きです。久六が、通夜の搬出を嫌がる大家《おおや》の家で、らくだの遺体を背負い、

文楽人形のように動かして「かんかんのう」を踊る場面がよく知られています。

今回は、主人公の男「らくだ」に焦点を当ててみたいと思います。

え？　「彼は、もう死んでるんじゃないの？」って？　おっしゃる通り。でも談志の後年のオリジナルバージョンでは、回想のワンシーンに生前の彼が登場するのです。

ある日、雨の中で久六がらくだと遭遇したとき、「ちょっと寂しげな表情を浮かべたことがあった」。久六がそう述懐します。

それまで「らくだにはひどい目に遭わされた」という逸話のオンパレードなわけですが、彼が抱えていた「寂しさ」が明かされることで、**「ああ、らくだが乱暴ばかりしていたのは、実は寂しかったからなのか」**と、腑に落ちるのです。

この回想があるからこそ、陰影がつく。つまり、らくだの人となりが一層立体的に把握できる……。そんな風に、数十年越しで噺をアップデートさせていた談志には、我が師匠ながら畏敬の念を覚えます。

さて、本題に入りましょう。

らくだはきっと「誰からも理解されていない」と常日頃感じていたと思うのです。

だからこそ、心の隙間を埋めようとして、周囲に乱暴狼藉を働いていたのでしょう。

厄介者、鼻つまみ者として悪名が轟いていたから、寂しい気持ちを吐露する相手もいない。どんなにタフな人間でも、コミュニティから精神的に分断され、コミュニケーションが希薄になっていては、自暴自棄になるのは当然です。

感情を素直に口に出すこと、それを自分以外の「誰か」と共有することって、メンタルを健やかに保つうえで、意外と重要なことなのです。

特に、不安や心配など負の感情は、ひとりで抱え込むほど、苦しくなっていきます。

「そんなことで悩んでるなんて、あんた、馬鹿だな」

そんな軽口を叩かれてもいい。誰かと感情を共有（シェア）することで、苦しさは確実に分散されます。

ドイツにはこんなことわざがあります。

「共に喜ぶと喜びは2倍になり、共に悲しむと悲しみは半分（2分の1）になる」

また私の体感ですが、感情をシェアする人数が多いほど、この傾向は強くなります。

大変な困難に陥ったとき。大きなショックを受けたとき。苦しみは、1人に話すと2分の1。でも、10人に話すと、10分の1にまで低減されるような気がします。つまり、**負の感情は、人様のお力を借りることで、希釈することができる**んじゃないかと思うのです。

「寂しいとか、つらいとか……。恥ずかしくて他人になんてさらせないよ」

こんなお声も聞こえてきそうですね。では、**たったひとりでもいいから自分の理解者を見つけて、大事にしてください**（恥ずかしければ、相手にわざわざ「あなたは私の理解者です」なんて伝える必要もありませんから）。

いかがでしょう。日本の人口は1億人超、世界の人口は70億人超。

そのうちの「1人」と巡り合うことは、可能ではないでしょうか？

リアルでのコミュニケーションが難しければ、**ネット上でのおつきあいでも構いません。**

とにかく**自分と価値観の合う人、言いたいことを言える人を確保する**のです。

専門家によると、多くの自殺には「誰からも理解されない」「私はこの世の中にひとりぽっちだ」という思い込みから孤立を深め、命を絶つ……という流れがあるそうです。だからひとりでもよいので「私には理解者がいる」と信じられることが大事なのだとか。

皮肉なことに、現代はリアルでもネット上でも「つながる＝リスクが発生する」という見方もあるようです。でも、人間にとって**「つながる」ことは本当に大事。**

そのためには、まず自分自身が相手を**「信じる」**ことが必要なのかもしれませんね。

不平不満や愚痴ばかり言っている
⇩マイナスの感情は、前向きに転化すればいいエネルギー源

自己啓発書やビジネス書を見ていると「不平や不満、愚痴を口にすること＝マイナス」と捉えられているようです。もちろん私も同意しますよ。だって、そこには〝**愛嬌**〟がありませんもの。

落語家のみならず、芸人さんなど話芸のプロのトークを見ていただくとよくわかりますが、「不平」「不満」「愚痴」をそのまま〝剝き出し〟で発信していることは、まずありません。それらをうまく、笑いに転換させています。

かの漫談家・徳川夢《む》声《せい》先生は、**愚痴などを言わないだけでも「話術が上がる」**という旨のことを著作に書かれていました。

でも、よく考えてみてください。**不平、不満、愚痴とはいわば〝心の産業廃棄物〟**、普通

に生活をしていれば必ず発生するもの。それらを抑え込もうとすれば、ストレスは溜まる一方です。周囲を不快にさせずに〝心の産業廃棄物〟を処理するには、いったいどうすればよいのでしょうか。

そこでご紹介したいのが「小言念仏《こごとねんぶつ》」です。私はこの噺に、ヒントがあるように思うのです。家の中で小言を差し挟みながら、念仏をひたすら唱えているご隠居を描いた短い噺なんですが、おかしいのなんの……。筋という筋はないのですが、ご紹介してみましょう。

ご隠居が、仏壇の前で「鉄瓶が煮立っている」「飯が焦げている」「花に水をやれ」などと、念仏を唱えながら小言を言っています。

「表にドジョウ屋が通るから、ナンマンダブ、ナンマンダブ、買っときなさい。鍋に酒を入れなさいナンマンダブ。一杯やりながらナンマンダブ、あの世に行きゃナンマンダブ、極楽往生だナンマンダブ、畜生ながら幸せなナンマンダブ、野郎だナンマンダブ、暴れてるかナンマンダブ、蓋取ってみなナンマンダブ、腹だしてくたばりゃあがった？　ナンマンダブ、ナンマンダブ、ざまァみゃがれ」

最後は買ったドジョウを、絞めさせている場面で終わります。笑いのポイントは、このご隠居が**小言をつぶやきながらも、念仏をずっと唱え続けている**ところです。

それは、「小言を言いながらも念仏を唱え続けてしまうくらいの努力家」とも形容できます。つまり、ただの「口うるさいご隠居」とは一線を画すのです。

もちろん、彼は「来世を少しでもよくしたい」という〝下心〟を持っているからこそ、念仏を唱えているわけなのですが……。**幸せの実現のため、行動し続けている**点については、リスペクトしたくなります。

そう、このご隠居は、自分の要望（＝不平や不満）を周囲にまきちらしつつも、一方で大変な努力家でもあるのです。**マイナスの感情を、前向きに転化することに成功しているとも言えるでしょう。この〝負のエネルギーの処理方法〟**は、私たちも大いに真似するべきです。

そういえば、談志は晩年、愚痴っぽくなりました。そして「愚痴はみんな嫌がるけれども、とっても大事なものなんだ」とさえ言っていました。世間様が唾棄《だき》する愚痴を、むしろ労わり、慈しむかのような態度を見せていました。

老いとの闘いの渦中にあったから、「言葉のすべてを愛してやる」というような覚悟があったのかもしれません。

体力の衰えとともに、優しくなってきたのかもしれません。

「怒る元気すらねえんだ」とも、よく言っていました。

もしかすると、愚痴しか言えない切なさを抱えていたのかもしれません。

しかし、本書をお読みの皆さんは、まだまだそこまで弱ってはいないはずです。

「信心深くなって、常に念仏を唱えなさい」とすすめたいわけではありません。

〝マイナスの感情〟というエネルギーを、別の作業に没頭したり、新しい目標に邁進したりすることで、うまく燃焼させせていくことができれば理想的です。


「談慶、そんなの難しいよ」ですって？

はい、ごもっともです。

かくいう私だって、心の蓋をいざ開けてみれば、不平、不満、愚痴だらけですから……。

でも、**私たち芸人の存在意義は、そういった〝心の産業廃棄物〟を面白いものに転換させるところ**にあります。だから、**「ちょっとでも面白い愚痴が言えるようになりたいなぁ」**という思いで、四六時中研究を重ねているのです。

具体的には、**ものの感じ方を変えてみたり、視点を大きくずらしてみたり、立場を変えて事象を捉えてみたり**、ということです。この手法は、意識さえすれば本来誰でも容易にできることですから、ぜひ試してみてください。慣れると面白くなってきますよ。

「それも難しい」という方は、どうぞ寄席に心をほぐしにいらしてくださいね。

人と比べて劣っていると感じてしまう

⇩能力の凸凹は愛すべきもの。「多様性」を形づくる大切な要素だ

「天災《てんさい》」という噺があります。

怒りっぽい熊五郎が、「何事も天から来た災いだと思えば怒らなくて済む」と説教をされて納得し、離縁寸前だった夫婦仲を持ち堪えさせるという噺です。

「天災」の教えに感銘を受けて、誰かに話したくてたまらない熊五郎。「隣の八五郎が、先妻との別れ話が決まらないうちに、別の女性をパートナーにして家に同居させたことで大騒動になっている」と知り、お節介にも仲裁に乗り込みます。

自分が説教されたように「何事も天災と思え！」と諭すのですが、「俺たちが揉めている原因は、〝天災〟じゃなく〝先妻〟だ！」と落とす噺です。

この噺は、いわゆる「地口オチ」です。全体を通して、地口が散りばめられているので、

よくきいてみてください。なかでも熊五郎が説教をされるシーンは圧巻です（説教をするのは「ご隠居さん」「心学《しんがく》（倫理学の一派）の先生の紅羅坊名丸《べにらぼうなまる》」など、落語家によって異なります）。ありがたい訓話を、熊五郎がことごとく地口で混ぜっ返します。

先生「孝行のしたい時分に親はなし。さればとて、石に布団は着せられず」
熊五郎「香々《こうこう》（漬物）の漬けたい時分にナスはなし。さればとて、カボチャは生でかじられず」
先生「ならぬ堪忍、するが堪忍」
熊五郎「奈良の神主、駿河の神主」

落語とは口演によって、江戸時代から受け継がれてきたものであり、寄席での「ライブ」がその身上ですが……。地口の妙は文字でも楽しんでいただけるのではないでしょうか。今風に言うと、寄席での落語が「三次元」（実際のライブ）、文字で読む落語は「二次元」と定義できそうな気がします。寄席に足をお運びいただきたいのはもちろんですが、本書で「二次元落語」をご堪能いただき、心を少しでもゆるめてもらえればと願っています。

さて、ここでのお題は「人と比べて劣っていると感じてしまう」という問題です。

つまり「劣等感に悩まされがち」と言い換えることができるでしょう。

「あいつよりもイケメンじゃない」「同期の××よりも営業成績が悪い」「遊び仲間の中で、年収が最下位な気がする」……。

考えても詮無いことを、ずーっと悩んでしまう。お辛い気持ちはよくわかります。だって私だって、過去に通ってきた道ですもの。

でも半世紀以上も人生を歩んできて、わかりました。「隣の芝生は青く見える」なんて申しますが、**お隣さんから見れば、自分の家の芝生もけっこう青く見えている**ものなんです。だから、気にしないことがいちばん。

どうしても「比較グセ」をやめられない場合、自分のことを**「情報収集が上手なヤツ」**だと捉えてみてください。周囲の情報を敏感にキャッチする能力があるからこそ、自分自身と無意識のうちに比べてしまうわけですよね。その**感性の鋭敏さやリサーチ能力を、ほかのことに活用すればいい**んです。

たとえば食べ歩きを趣味にして、そのレポートをSNSで発信したり、新作映画のレビューをブログにアップしたり。あなたの飽くなき好奇心を「誰かのお役に立つ方向」に発露させるのです。そうすると人のためにもなり、意中の相手との会話の糸口にもなるはずです。

法政大学名誉教授・前総長の田中優子先生は、**「江戸には非常に多様な人々がいて、それが『普通か』『普通じゃないか』という分け方はしなかった」**と指摘されています。そしてダイバーシティ（多様性）の重要性を説き続けてこられました。

確かに、熊五郎や八五郎、みんな粗忽でトラブルメーカーなのに、温かいコミュニティを形成し、たくましく生き抜いています。それは江戸に「人は皆、違っていて当然」という空気があって、多様性が担保されていたからでしょう。

また法政大学が発した「ダイバーシティ宣言」では、差別がないことはもとより**「相違を個性として尊重し多様性として受容する」**という旨が掲げられています。

つまり、江戸時代では当然の社会的通念であった「多様性」を、現代ではわざわざ復権させる必要があるのです。なんとも皮肉な話ですよね。

さらに、脳科学者の茂木健一郎先生のブログで、こんな言葉を読んだことがあります。

「自分と他人が違うことは、不安のもとではなく、むしろよろこびのきっかけでなければならない。なぜならば、**異なる傾向の人が結びついて、共同作業をすることで、チームとしてはさらに高度なことができる**からだ」、つまり、世の中をスムーズに回して発展させていくためには、さまざまなタイプの人が必要不可欠なのです。

あなたが感じている「自分の短所」とは、愛すべき「能力の凹凸」であり、「多様性」を形作る要素として重んじるべきものなんですよ。

理想が高すぎて達成感がない

⇩今日の自分は、
昨日よりわずかでも確実に進歩していると意識する

「自分がいかにイケているか」を自称する輩は多いものです。

そんな人物ほど、相手に対してマウントをとりがちなものですから「あまり親しくなりたくはないなぁ」と、つい距離を置きたくなってしまいます。

そう知人と話していたところ「傲慢さ、不遜さは、現代人の専売特許なんでしょうかねぇ」と訊かれました。

落語の世界にも、「大金持ちぶりをふかす男」が出てきます。「宿屋《やどや》の富《とみ》」という噺をご紹介させてください。

馬喰町《ばくろうちょう》のサエない旅籠《はたご》にひとりの客が飛び込んできて「自分がどれだけ物凄いか」を吹きまくります。

「うちでは千両箱の使い道に困り果てて、漬物石に使っているんだよ」

人のいい主人はそんな言葉を鵜呑みにし、その客の男が金持ちだと信じ込み、「宿で扱っている「富札」（宝くじ）をぜひとも買ってほしい」と持ちかけます。

男は引くに引けず、なけなしの1分で富札を買うことにするのですが、なんと千両もの大金が当籤《とうせん》してしまう、という筋書きです（予想外のオチになっていますので、ぜひご視聴くださいね）。

自分のすごさをひけらかす人には魅力を感じにくいものですが、この噺をきくと「それもアリか」と思えてきます。

もちろん、偽ってまで自分を大きく見せようとするのは、ほめられた態度ではありません。場合によっては、詐欺とも言えますからね。ただ、このほら吹きの男は「理想が高い男」とも捉えられるわけです。

「自分のなりたい姿」を常に思い描いているうちに、現実との見境がつかなくなり、人様にべらべらと吐露するようになった。しかし、そんな嘘を信じてもらったおかげで、富札を買うよう持ちかけられた……。つまり、**理想を高く掲げていたからこそ、チャンスをつかみとることができた**、とも言えるのです。こんな夢のある噺をきくと、「誰かを傷つけるのでなければ、嘘もアリか？」なんて思えてきます。

しかし、理想と現実のギャップが大きすぎると、本人は苦しいかもしれません。

「もっと大きな仕事を任せてほしいけれど、キャリアがまだまだ浅すぎる」

「いつか実現させたい夢があるけれど、資金が足りなすぎる」

私も、そんな「理想と現実の乖離《かいり》」にさんざん悩まされましたから、皆さんのお気持ちはよくわかります。前座時代、毎日のように叱られ続けていた時期は、理想とする「二ツ目」「真打ち」への遠い遠い道のりに、うちひしがれる思いでした。


しかし、そんな私だからこそお伝えできることがあります。

理想を高く掲げているときほど、自分の日々の成長をしっかりと感じるべきです。

そして、**「昨日よりも今日のほうが、わずかではあるけれども確実に進歩した」**と意識すること。そうすれば、いつか必ず理想を現実化することができます。


実際、私は「架空の過去の自分」を設定して、よく対話をしていました。

たとえば、苦しいときに「小学生の頃の自分」を頭に思い浮かべて、**架空の会話を楽しむ**のです。

「今日も談志に叱られて、情けないだろう？」

「いや、俺はまったく大丈夫だよ。だって俺、そういう道を歩みたかったんだもん」

「お前のために頑張るからな」

「そうだよ、俺のためにも絶対死なないでよ」

正直なところ、私はこんな対話を何度繰り返したかわかりません。

しかしどれだけ絶望していても、過去の自分と話せば生きる希望が湧いてきたものです。

だって、過去の自分は、必ず、今の自分を信じてくれているわけですから。


「理想が高いこと」は、やはり素晴らしいことなんです。だってそれは**「夢を見る力」が豊かな証拠**なのですから。

たとえ理想の実現に時間がかかりそうでも、いいではありませんか。

かくいう私も、談志のもとに入門して30年がかりでここまでやってまいりました。

とはいえ、50代半ばを過ぎても、新しい夢はどんどん湧いてくるもの。つまり「理想が高すぎる状態」をずっと維持し続けているわけですが、だからこそ毎日エキサイティングで楽しいのかもしれません（笑）。


苦しくない程度に理想を掲げ続けることは、大事なことだと思いますよ。それは「未来の自分」を信頼することでもありますからね。

自分が我慢すればいいんだと思ってしまう

⇩忍耐強さがあり、トップの器が備わっているということ

「長屋の花見」という噺があります。貧乏長屋の住人たちが、貧しいなりに花見を楽しもうと趣向を凝らすお話です。

いったいどれくらい貧乏な長屋なのかというと……。「薪がないから、入口の戸を燃やしてしまって、今は屋根にとりかかっている」というレベルの困窮具合です。

しかし、そんな貧乏長屋でも、「あの金持ち長屋は豪勢な花見をした」という噂を聞きつけると対抗意識を燃やし、負けじと花見を計画します。**お金ではなく、知性をフル活用して、最大限に楽しもうとする**わけです。

たとえば、「お酒なんて高くて買えないから番茶で我慢する」「高級なつまみなんて用意できないから、タクアンの漬物で代用する」「毛氈《もうせん》（獣毛を原料としてつくられた和風のカーペット）なんてないから、むしろ（わらなどを編んでつくった敷物）を使う」。

挙句の果てに「向こうへ行けば、がま口ぐれえ落ちているかもしれねえ」。そんなとんでもない了見で、上野の山に繰り出すのです。

この噺をきくと、長屋の住人たちのたくましさに元気をもらうと同時に、その仲の良さ、絆の結びつきの深さに驚かされることでしょう。

長屋というコミュニティは、世帯の集まりなのですが、店子《たなこ》には単身者が多い。もっと言うと怠け者や道楽者、ならず者も珍しくありません。そんな〝欠陥人間たち〟を束ねていたのが〝大家さん〟です。

実は、江戸時代の「大家」(家守)とは、地主から委任されて長屋の管理や維持、家賃を取り立てる責任を負う立場でした。江戸時代後期の江戸には、大家が2万人以上もいたと言われます。現代の「大家」とは、ニュアンスが少し違いますね。

また、店子が何か問題を起こしたら、管理不行き届きということで、大家が連帯責任を負わなくてはいけないという側面もありました。だから常に「長屋から犯罪者を出すな」という意識があり、相当なストレスを抱えていたと思われます。**「大家」とは、江戸時代の「自分が我慢すればいい」と思ってしまう職業、ナンバーワン**だったかもしれません。というのも、「長屋から犯罪者を出さない」云々の前に、家賃を払えず滞納する店子も多かったからです。

では、徴収すべき家賃を、大家が何で穴埋めしていたのかというと「長屋から出る糞尿」です。長屋から出る糞尿を、「近隣の農家が有機肥料として下取りしてくれていた」という記録が一部で残っているんです。

つまり糞尿を売ったお金は、大家に不労所得として入る。だから、家賃を万年踏み倒し続けている店子がいても、なんとかなったようです。

「もういいよ、俺が我慢し続ければいいんだから」、大家は皆、そんな心境だったはず。そんな忍耐強い大家は、現代風に言うと**「トップの器がある」**とは言えないでしょうか。

もちろん、家賃を払えない店子も、それぞれなんらかの形で長屋に貢献しています。「〝欠陥人間〟だけど、愛嬌があって憎めない」「どんなときも明るいムードメーカーでいてくれる」……。そんな持ちつ持たれつの関係だったと推察できるのです。だから、大家も我慢のし甲斐はあったことでしょう。

とはいえ現代においては江戸時代の大家のような「自分が我慢すればいい」という考え方は、あまりよろしくない気がします。なぜなら**「他人にコミットしようとしない（関わろうとしない）点」で、自分への負荷を増やしてしまうから。**

現代は江戸時代よりも、コミュニケーションの度合いが激減しているため、**ストレスだけを抱え込む可能性が高いはず**です。なんらかの工夫で、苦痛を積極的に分散する必要があるでしょう。

そこで、ストレスをうまく散らす策を考えてみました。

たとえば、**自分が耐え忍んでいる我慢の痕跡を、詩歌や小説に仕立てる、つまり「文学」の形に昇華させてみる**のはどうでしょう。もしくは、**まったく別人格になりきって創作作品を発表する**というのも面白いかもしれません。もちろん、誰かを傷つけたり、迷惑をかけたりしない範囲でですよ。

このような知的な工夫であれば、きっと誰も傷つけないはず。それに、自分の体験を、誰かに役立ててもらえる可能性もあります。よりよいアウトプットのために本や映画、ドラマや芝居などに触れる機会も増えるでしょうから、楽しくもなるでしょう。

「自分が我慢すればいい」と思ってしまう方には、既に忍耐力は備わっています。その長所を、さらに伸ばすことはありません。それよりも、**「自分を楽しませる工夫について考える方向」に、知性を向けてみませんか**。

「自分が我慢すればいい」という態度は、ある意味〝短絡的〟なのです。

そんな姿勢でずっと生きていくなんて、苦しすぎてきっと長続きしませんよ。

「自分らしさ」がよくわからない
⇩ 成長につれて醸成されるもの。今はわかっていなくて当たり前

「誰かに聞いたイイ話を、他人に聞かせて真似をして失敗する」という噺のパターンは、よくあります。前にご紹介した「天災」（68ページ）もまさにそう。

ここではさらにもうひとつ、「青菜《あおな》」という噺をご紹介します。

「天災」「青菜」に共通するのは、**「自分の個性や属性」（＝自分らしさ）がよくわかっていないゆえに、喜劇的な結末が引き起こされる**、という点です。

どんなによい教訓や、素晴らしい事柄でも、シチュエーションが異なっていたり、自分自身の属性や境遇と乖離していたりする場合、実践的に活かすのはなかなか難しい……。そう考えさせられることしきりです。

植木屋が、仕事先のお屋敷の主人から接待を受けます。おいしい鯉のあらい、キンと冷

えた柳蔭《やなぎかげ》（冷用酒）をご馳走になり、大感激。

そこでの会話がまた粋だったのなんの。主人に菜を持ってくるよう言いつけられた奥様が「鞍馬山《くらまやま》から牛若丸がいでまして、名も九郎判官《くろうほうがん》」と妙な言葉を返します。それに対して「それなら義経にしておけ」と答える主人。

その会話は「菜も〝食らう〟ほうがん」（菜はもう食べてしまった）「それなら〝良し〟つね」（それならいい）と洒落で伝え合う、風流なものだったのです。

感銘を受けた植木屋は、そんな接待を真似ようとしますが、付け焼刃ゆえ大失敗する、という粗筋です。オチも大変よくできているので、ぜひご視聴くださいね。

ヒントは「住宅格差」です。

植木屋が住むのは一間《いっけん》の長屋で、接待を受けたようなお屋敷とは広さが段違いです。部屋がいくつもあるようなところに住んでいるわけではありません。そんな格差を計算に入れ忘れていたため、会話がちぐはぐになる……という喜劇が生じます。

この噺をきき終えると、植木屋の「自分らしさがわかっていない」というキャラクターが、なんだかとても愛おしく感じられるはずです。そうです、「自分らしさを把握できていない状態」は、通常のビジネス書ではいの一番に槍玉に挙げられそうですが、落語の世界では、そんな**ダメさも「魅力」**として扱われることが多いのです。

ですから、もしあなたが「自分らしさがよくわからない」とお悩みだとしたら。

まずは、自分自身を責めることをやめてください。罪悪感なんて、生きていくうえでストレスにしかなりませんから。

そもそも**「自分らしさ」なんてわかっていなくて当たり前**なんです。

逆に、「自分らしさがよくわからないと気づける感性を持っていること」自体に、快哉《かいさい》を叫んでほしいと思います。

なぜなら「自分らしさがわかっていない人」は、謙虚な人だからです。「俺が、俺が」の夜郎自大な人ではなく、周りに目を向ける思いやりのある、優しい人でもあるはずです。

それは「人に好かれる条件」を十分満たしています。

それに**「自分らしさ」というのは、人の成長につれ、醸成されていくもの**です。

「そんなところが、いかにも〝俺〟っぽい」「こんな行動が〝俺流〟だから」などと思い込んだり、周囲に喧伝していたりするほうが、厚顔で恥ずかしい。私はそう感じます。

だから、決して気後れせずに、「これから自分らしさをつくっていこう」と捉えればよいのです。「自分らしさがない」と思った時点から、スタートです。

「らしく、ぶらず」という言葉をご存じでしょうか。

練馬の談志宅の玄関に置かれていた書なのですが、実はこの書、先代文楽《ぶんらく》師匠の手によるものなんです。

「プロはプロらしく振る舞うもの。対して素人さんはプロぶるもの」、つまり「落語家らしく、落語家ぶるな」という教えですから、私たちのような修業中の弟子は、この書を見る度、気が引き締まったものです。

もちろん、この教えは、誰にとっても有益なはずです。

「こういうのが自分なんだ」と自分を過大評価したり、実際とは違う姿を自分に当てはめたりすること。それが「〜ぶる」ということなのでしょう。

人は誰しも、日々のたたずまいや行い、努力の中で「自分らしさ」を築いていくものです。言い換えると、無意識レベルの何気ない積み重ねが、否が応でも自分自身を形成していく。**だから自分の力を過信しないよう、等身大の自分のまま「ぶらず」に生きていけばいいいんです。**そんな積み重ねの〝対価〟として、「◎◎さんらしい」という評価が、人様から早晩いただけるようになるでしょう。

世間様からの客観的な評価こそが「らしく」である……。

私は文楽師匠の言葉を、そう超訳していますが、あなたはどう解釈されますか。

友達がいないといけないと思ってしまう

⇩人は「ひとり時間」でつくられる。「ひとり上手」を目指すべき

落語には「登場人物が少ない設定ほど、内容が深い」という傾向があります。

たとえば「登場人物が2人」でも、噺が予想外に面白い方向に展開していって……。「人間ってやっぱり、お馬鹿でいいよなぁ」「もうちょっと頑張って生きてみるか」などと思わせてくれるのです。

極端なことを言うと、登場人物がたった一人でも、考えさせてくれる噺はあります（かといって「登場人物が多いほど面白くない」わけではないので誤解なきよう）。

ここでご紹介する「一人酒盛《ひとりさかもり》」（一人酒）には二人の男しか登場しませんが、御多分に漏れず面白い噺です。

ひとことで言うと、熊五郎が「もらった酒を一緒にやろう」と飲み友達の留公《とめこう》を呼んでおきながら、なんやかんやとご託を並べ、一滴も飲ませないというとんでもない噺です。

「いったいそんなことが可能なのか」と訝《いぶか》しく思いますよね。

そこがこの噺のよくできたところなのです。

まず熊五郎は口がうまい。「飲み友達の中でも、留さんとは最も気が合う」などと世辞を連発して、相手をいい気にさせてしまう。

対する留公は、とにかくお人よしで優しくて、礼儀正しい。世辞を真に受けて、いい気分で燗やつまみを甲斐甲斐しく用意してやるばかりか、熊五郎がすすめるまで、酒に手を出そうとはしないのです。

とはいえさすがの留公にも、堪忍袋の緒が切れる瞬間が訪れます。

「一人で飲んじゃもったいないから、おめぇを呼んでやったんだ。ありがたく思え」などと熊五郎に言われ、「もう生涯つきあわねぇ」と畳を蹴って帰ってしまいます。そこに顔をのぞかせた隣のおかみさんに「あいつは酒グセが悪いから」とこぼす台詞で落とします。

さまざまな落語家が演じていますが、五代目柳家小《やなぎやこ》さん師匠のものが絶品ですので、ぜひ探してきいてみてください。

さて、ここで学びたいのは、「呼びつけた友達に酒を一滴も飲ませない熊五郎の執着の強さ」……などではありません。

「一人酒盛」という噺の題名にもあるように、**一人でも「楽しく酒が飲める」（＝時間をつぶせる）という力**です。

実際、熊五郎は留公と同じ空間で（相手をしてもらいながら）飲んでいますから、厳密に言うと「一人酒盛じゃない」とツッコまれるかもしれません。それはまったくその通り。でも、目の前にいる相手を差し置いて、ひとりであれだけ気持ちよく飲めるというのは、一種の特殊能力でしょう。

念のため申し添えておきますと、時間をつぶす手段は「酒を飲むこと」だけに限りません。たとえば読書でも、映画鑑賞でも、落語鑑賞でも、語学学習でも、筋トレでも、手料理でも、ソロキャンプでも……。

「単独で心ゆくまで何かを楽しめるか」が、実は〝教養〟というものの正体なのです。

皮肉にもコロナ禍は、そういった個人の教養の有無を浮き彫りにしました。

大人数で飲食をして、カラオケ店や水商売のお店に流れ、仲間内で世辞を言い合い、傷を舐め合うことを楽しみにしていた人たちが、「自粛期間」に何をしていたか。

突然、「ひとり」を強制され、有意義なときを過ごせたか……。

そもそも**人は「ひとり時間」でつくられます。**単独で過ごす時間に何をしているかで、その人のアウトプットの質は決定されてしまうもの。だから本来は、誰しも「ひとり上手」を目指すべきなのです。

そこから敷衍《ふえん》して考えてみましょう。

「友達」という言葉を「暇つぶしを共にする仲間」と定義した場合。

いささか極論めきますが「友達なんてひとりもいなくても大丈夫」ではないでしょうか。前述したように、**ひとりでもいいから「理解者」がこの世にいることのほうが大事**なはずです。

それに「友達がいないといけない」「私には友達がいなくて恥ずかしい」とつい思ってしまう**繊細なメンタリティの持ち主**を、私はとても好もしく思います。

だって「俺はダチが多くてさぁ」と自称するような自信満々なお方とは、親しくなれそうな気がしませんもの。「俺が、俺が」と自分自身を前面に押し出してくるお方って、なんだか面倒臭いですよねぇ。

とまれ、**「おひとりさま」**がかっこいい過ごし方のひとつであることは間違いありません。一人酒盛も上手な大人を目指したいですね。

まずは今のまんまの自分を認めてやって、
悪くねえなと思うことだよ。
自分を低いところに置いておくってのは、
「優しさ」と「強さ」がないとできねえ尊いことなんだ。

第3章

粗忽者に学ぶ「仕事の考え方」

すべてのことを完璧にしなければと思ってしまう
⇩ 思っているほど社会も人もぜんぜん完璧で優秀ではない

「黄金餅《こがねもち》」という噺があります。おいしそうに聞こえる題名ですよね。しかし**「死骸の腹を切り裂いて取り出した餡《あん》ころ餅の中に入っていた金を元手に餅屋を開業して繁盛した」**という筋書きの、なかなか凄惨な噺です（笑）。凄惨さと笑いのギャップが魅力になっています。死骸の腹から金が出てきた理由を、説明いたしましょう。

金を貯め込んだけち坊主の西念《さいねん》。突然、病で寝込むことになってしまいます。あるとき、見舞いに来てくれた味噌売りの金兵衛《きんべえ》に「餡ころ餅を買ってきてほしい」と頼みます。餡ころ餅を受け取ると、「人前では食べられない」と隠れる西念。

金兵衛がこっそりのぞき見すると、西念は餅から餡を出し、かわりに金を詰め、飲み込んでいます。そのうち、胸に餅を詰まらせ、金兵衛の助けもむなしく西念は絶命。その後金兵衛は、寺、焼き場へ西念を運び、「故人の希望だから腹だけ生焼けに」と頼み込みます。そして引き取った遺体の腹から金を取り出し、目黒に餅屋を出して繁盛させます。

この噺の聴きどころは、西念の住処である下谷《したや》から、麻布付近の架空の寺まで、40か所以上の地名を列挙する口上の部分です。一説によると「距離にして12㎞以上、徒歩で約3時間」という長さだそうです（演者によって差があります）。私もよく高座にかけさせてもらいますが、お客さんがこの箇所を心待ちにしてくださっているのを肌で感じます。ありがたいことですが、完璧に演じざるを得ません……。

というわけで、**「すべてのことを完璧にしなければと思ってしまう」**という問題にうまくつながりました。私どものような落語家は「芸の道に終わりなし」と覚悟できていますから、高座では**「すべてのことを完璧にしなければ」**という精神で、命を懸けて演じています。ですが皆様は、そこまで根を詰めなくてもよろしいんじゃないでしょうか（無論、お仕事によっては「完璧」が常に求められる職種もあります。お医者さんや運転手など、「人の命を預かる系」のご職業の方は、この項はどうぞスルーしてください。手術や運転の最中に「落語家の談慶が、『完璧でなくてもいい』って本に書いてたなぁ」なんて思い出されては困っちゃいますから……）。

たとえば組織で働く方が「すべてを完璧にこなさなければいけない」と思い始めると、あらゆる局面で吝嗇《りんしょく》、つまり「けち」になっていきがちなのです。

「けち」という言葉を私なりに定義してみると……。

自分が持つあらゆるリソース（資源）、具体的には「お金」「時間」「体力」「気力」などを、**自分だけでなく人様に対しても出し惜しむ態度**のことです。

たとえば、**ひとりで節約にいそしむのみならず、交際費（＝相手にかけるお金）を極限まで切り詰めてしまうのが、「けち」。**

時間厳守を徹底するのみならず、他人にまで強制してしまうのも、ある意味「けち」。

自分自身が礼節や義理人情を重んじるのみならず、相手にも相応の態度を求めてしまうのも、これまた「けち」。

いかがでしょう。想像しただけでも、「けち」な人とは距離を置きたくなりませんか。

さて、ここまでお読みいただいたあなた様には、私が何をお伝えしたいのか、そろそろ察していただけるようになったのではないでしょうか。そうです、談志も、大変な吝嗇家（どけち）でありました。

常に多くの到来物《とうらいもの》をいただいていましたが……。食品の類は（食べ残したものも含め）、冷凍庫をフル活用してきっちり食べ切ります。「食材が腐っているかどうか迷ったときは、食べないで捨てるよりも、食べて食あたりになるほうがいい」とよく言っていました。

水道が水漏れしても、すぐに業者さんには頼りません。「ガムテープをぐるぐる巻きにする」などの弟子の応急処置でしのいでいました。

こう書くと、談志が経済的に困窮していたように誤解されるかもしれませんが、さにあらず。**「文明の力（お金の力）を借りず、自分の力で不快感を解消すること」に快感を覚える人**だったのです。

ですから、弟子が「お金をかけないで処理するやり方」で解決すると、とても喜んでくれたものです。しかし、実生活で談志の真似をするのはちょっと危険かもしれません。普通の感覚なら、疲れちゃいますよね。

たとえば水道管が壊れたとき、「業者さんは呼ばずに、絶対に自力でなんとかしろよ」なんて言ったとしたら。パートナーが離れていきそうな気がしませんか。

「すべてのことを完璧にやらなければ」という思い込みに、人はえてして陥りがち。しかしその先には、相手にあらゆるものを出し惜しむ「けち」という態度が待っている……。

そう思えば、完璧主義をふっと手放せるはず。**「思っているほど社会は完璧じゃない」「世の中、優秀な人ばかりじゃない」**と早くに悟ったほうが、人生をより一層楽しめますよ。

的外れなことばかりして空回りする

⇩「ズレた人」の存在があるから人類は進歩を続けられる

「子ほめ」という、よく知られた噺をご紹介しましょう。

ぼんやりしたところのある熊さんが、ご隠居から世辞の言い方を教わります。「45歳の人を見たら『厄そこそこ』とおだてればいい。とにかく年齢を若く言え」

ピュアな熊さんは、その教えを鵜呑みにしてしまうんですね。それから友人の家を訪れるんですが、あろうことか、目にした赤ん坊をほめ始めることに……。

「この赤さんの年はおいくつで？」「生まれたばかりで一つだよ」「それは、お若く見える。どう見てもタダだ（生まれていないみたいだ）」

いかがでしょう。なんだか、現代の芸人さんたちの不条理コントに通じるものがありますよねぇ。**「落語とは勘違いでできている」**と私は常々思っているのですが、その法則にぴったりと合致した噺です。

この熊さんこそ落語界において「的外れなことばかりして空回りする人物」の代表格と言えるでしょう。

でも彼のことを馬鹿にしたり、見下したりするのはちょっと待ってください。

なぜなら、**彼のような人物こそ、落語ファンに親しまれたり、愛されたりしているから**です。落語の世界では**「笑いがとれるキャラクターほど、ヒーローになれる」**という法則があるのです。

つまり、本人がやらかした〝しくじり〟（失敗）の程度が大きければ大きいほど、多くの人にウケるし、愛されます。落語の世界とは、それほど寛容でおおらかなものなのです。

もちろん「現代でも、大きなしくじりをすればするほど愛されるようになればいいのに」と主張したいわけではありません。そう単純にいくわけがないのは、百も承知です。

とはいえ、もうほんの少しでも「現代の人たちは他人のしくじりに対して、寛容な態度をとれないものか」と思えてなりません。「見当違いなことや的外れなことをしてしまった人に対して、もっと温かい眼差しを注げないか」とも思ってしまいます。

実際、そんな**「ズレた人」の存在があったからこそ、人類は常に進歩を続けられてきたのかもしれません。**たとえば「多くの人が気づかないこと」に注目したり、「馬鹿げている」としか思えないことに膨大な手間暇をかけて研究したり……。

そんな積み重ねの上にこそ、歴史的な大発見があるものでしょう？

振り返れば、ニュートンも、コペルニクスも、ライト兄弟も、エジソンも、平賀源内も、最初はかなり「ズレた人」だったはずです。

視点を引いて考えると、「ズレた人」とは人類の歴史上において、定期的に現れる「バグ」（プログラム中の誤り）のようなもの、とは言えないでしょうか。


もちろん「バグ」とは、厄介なものです。

テスト版を使っているとき、不快な思いをしたり、ちょっとした被害を受けたりした経験のある人からすると、「ないほうがいい存在」「唾棄すべき存在」かもしれません。

でも、見方を変えると「バグ」があるからこそ、製品はその質をどんどん高めていくことができるのです。技術者にとっては、ありがたいものですよね。


総括すると、**「ズレた人＝的外れなことばかりして空回りする人」は、人類全体が進歩していくための「バグ」的な存在**です。

たとえ、何かが少しズレていたとしても、チャレンジ精神、開拓者精神に富んでいたり、とんでもなくピュアだったりする彼らがいてくれるからこそ、科学技術も発達していくことができるのです。そもそも、私たち自身は不完全な存在だから、世界がよりよい方向に展開していくためには、ズレた人の存在は貴重です。

バグは、今の世界を、弁証法で言うところの「アウフヘーベン」（止揚）へと誘い、さらなる繁栄の方向へと導いてくれるのです（あ、「繁栄」といっても「物質的に豊かになる」という、短絡的な意味に限りませんからね）。

そして、ズレた人をどう扱うかで、その社会の成熟度がわかります。

「マイノリティ」として特別視し、排除の方向に動くのか。

「異端だけれど、新しい何かを見せてくれるかもしれない」と期待するのか。

「彼らをまるっと包括した優しい社会システムをつくろう」と動くのか。

とまれ、「俺はいつもズレている」「ヤル気はあるのに報われない」とお悩みならば……。

「子ほめ」の熊さんを思い出してください。「俺のズレ具合は、まだマシだ」「自分の悩みなんてちっちゃいな」と素直に思えたらＯＫ。それが正しい落語の〝活用法〟です。

落語とは懐が深いもの。

ズレた粗忽者を意図的に登場させて、聴き手の悩みを矮小化、相対化させ、聴き手を元気づけてくれる。落語の世界とは、そんな**優しさに満ちた〝装置〟**なのです。

バグの集積が落語、と言い切ってもよいかもしれません。

毎日疲れていてモチベーションが保てない

⇩

「誰かがきっと見ていてくれる」と信じよう

「おかめ団子」という人情噺をお届けします。「おかめ」という優しい心根の娘を持つ団子屋が舞台の噺です。その店には、毎日一盆ずつ買うために、通ってくる常連がいました。親孝行な大根売りの青年、太助《たすけ》です。彼は病に伏せる母親のために、健気にも毎日、店に通い詰めていたのです。

ある日、店の者が金勘定をしているのを見てしまった太助に、魔が差します。「おふくろに楽をさせてやりたい」という一心で、ある夜、団子屋に盗みに入ることに……。しかし金を奪う前に、首吊りを図ろうとするおかめと遭遇します。彼女は父親から押し付けられた縁談を苦にして、命を絶とうとするところでした。

彼女を引き留めたことで、太助は咎められるどころか店の主人の信頼を得て「おかめの婿に」と乞われます。

いかがでしょう、最後は誰もが幸せになるハッピーエンドの筋書きです。

年老いた母親を楽にさせてやりたい一心で、犯罪に手を染めようとする貧しい太助。父親に押し付けられた縁談がイヤでたまらず、自ら命を絶とうとするおかめ。気の毒な身の上の若者同士が、最後は自分の思い通りに人生を好転させ、結ばれる。無論、太助が盗みを働こうとしたのはほめられたことではありませんが、最後は明るく幸せな気持ちにしてくれる噺です。

「このカタルシスは、いったいどこから来るのだろう」とつらつら考えてみたのですが、それはやはり**「頑張っている人間が最後に報われる」**、その一点に集約される気がします。

詳しく見ていきましょう。

太助は、貧しいながらも道を外れることなく、地道に真面目に、大根屋として働き続けてきました。おまけに老いた病身の母親の面倒も見ています。

おかめも同様です。看板娘として、毎日明るく前向きに働いてきました。人気店ですし、彼女の器量の良さは知れ渡っていたので、目の回るような忙しさだったことでしょう。

つまり、「あまり報われていない頑張り屋さん」の二人が、最後は幸せをつかめたという点が、時空を超えて、私たちの心を鷲掴みにするのです。江戸時代の人たちも、この噺をきいて「お天道様は、俺たちの頑張りをやっぱり見ていてくださるに違いない」と溜飲を下げたり、励まされたりしていたはずです。

この**「誰かがきっと見ていてくれる」という視点**は、現代の私たちも大いに取り入れるべきです。というのも、**「『誰か』の視線を気にするなんて（誰かの力を頼るなんて）恥ずかしい」という風潮が、近年蔓延しているように感じられる**からです。

確かに現代は、リアルな人づきあいが希薄化しました。コロナ禍もそれに拍車をかけました。それだけではありません。**暮らしのあらゆる場面が便利になりすぎて（お金で解決できることが増えて）、「ひとり」で生きていくことが容易になっています。**

たとえば、家族にご飯をつくってもらえなくても、街の飲食店に行けば温かい食事にありつけます。寂しくなっても、ネットさえつながれば、気を紛らすことは可能です。

しかし**「誰ともリアルにつながらなくてよい社会」、つまり「つながりを持たなくても生きられる社会」は、いざというときに本質的な弱さを露呈するはず**です。

「なぜ？　それって『ひとりでも生きられる素晴らしい社会』でしょう？」

疑義を唱える方がいるかもしれません。

でもよく考えてみてください。それは**「みんなが自分のことだけ考えている社会」**です。

もっと言うと「自己責任が問われる社会」「自助を要求される社会」、そして「自分でなんとかできない人たちを軽蔑する社会」へとつながります。その考え方がエスカレートすれば社会の格差が拡大するどころか、社会が分断されていくことは想像に難くありません。

お若い読者の場合、まだまだ実感がないかもしれませんが……。

体の各所にガタがくる年代になると、「自分でなんとかできない状態」を確実な未来として予感するようにもなります。いざ自分が弱った状態になったら「自助を要求される社会」で安心して暮らせるか。肩身の狭い思いをせずに済むか。考えると恐ろしくなります。

ですから**「保険」としても、積極的に誰かとユルくつながっておくことをおすすめします。**

遠回りのように見えるかもしれませんが、それが社会の分断を防ぐ第一歩にもなります。

おかめや太助のように毎日頑張っている人が、結果的に幸せになるのは、世の常です。

ですから、ひとりで背負いこまないでください。周りを見てください、あなたの頑張りに気づいている人はきっといますから。できれば「もう疲れたよ」「ちょっと誰か聞いてくれ！」と声を上げてください。それができない人は、**人様に素直に頼れないほど、心が硬直しているのです。**

「心のストレッチ」と思って、「おかめ団子」をきいてください。

きっと優しい気持ちになって、人を信じたくなりますから。

将来に希望が感じられず焦燥感がある

⇩

「落ち込む」という負の思考を「行動する」に切り替える

「品川心中」という噺があります。「心中」という言葉の持つ暗いイメージとは裏腹に、したたかに生き抜く女性を描いた、前向きでエネルギッシュな筋書きです。「舞台を現代に移して映画化できるんじゃないか」というくらい、普遍的なメッセージが込められているのですよ。わかりやすく超訳してみますね。

品川の遊郭で長年ナンバーワンを突っ走っていたお染《そめ》。しかし、年齢を重ねるにつれ自分の後輩に客をとられるなど、人気は失速。衣替えが必要な「紋日《もんび》」が近づいてきますが、服を買ってくれる馴染み客のあてもありません。

「元ナンバーワン遊女としては『金に困っている』と思われるより、死んだほうがマシ」

そんな思いにかられたお染は、得意先の中から心中相手を探します。そして独身者である貸本屋の金蔵《きんぞう》をなんとか説得。一緒に入水《じゅすい》を図ります。しかし金蔵が海に飛び込んだ直後、「ほかの馴染み客から紋日のためのお金が届いた」という知らせを受け、お染は死ぬのがばかばかしくなる……。そんな筋書きです。

え、先に入水した金蔵はどうなったのかって？　海が遠浅だったので一命を取り留め、復讐劇を企てます。といっても陰惨な雰囲気はゼロ。安心してきいてください。

いかがでしょう。ご感想はさまざまあるかと思いますが、本書で特に力説したいのは、お染という女性のしたたかさです。

まず、お染ほど現状に希望が感じられず「この先続けていていいのか」と焦燥感を抱いていた人はいないと思うのです。

遊郭という、「若さ」が大きな評価基準になっている場所で、年齢を重ねていかざるを得ない自分。そんな境遇になれば、誰だって焦りますよね。

もちろん、遊郭から退くことは可能です。ただし借金を払い終えたり、年季が明けたり、誰かに身請けしてもらったりしなければなりません。なんとも先の読みにくい世界です。希望を持つのはなかなか難しいことでしょう。

しかし、お染は偉かった。ネット上の落語の要約記事などではなかなか触れられていないのですが、彼女は自分の運気を上げるため、毎日のように神仏にお詣りをしているのです。さしずめ、今で言うところの「パワースポット巡り」です（このような細部を知ることで、登場人物たちの陰影がよりわかるもの。だからYouTube動画やリアルな寄席で、落語を通してきいてみてくださいね）。

つまりお染は、焦燥感を自らのエネルギーとして、地道な行動を愚直に積み重ねていたわけです。**「年をとること」「希望がないこと」**など、**自分が感じてしまう負の要素を、「負荷」としてではなく「前に進むための燃料」として抱えていた。**彼女には、そんな表現がしっくりくる気がします（相手を心中に誘導するのは、無論ほめられませんが……）。

現代の私たちは、「お染」というヒロインの存在を、もっと知るべきと思うのですよね。そして、そのたくましさ、したたかさ、しなやかさを真似したらいい。

焦燥感にかられはするものの、そこから逃げるために遊びや酒に逃げるとか、状況が変わるのを手をこまねいて見ているだけとか。それって、もったいない気がしませんか。

焦燥感があるからこそ、考えたり、工夫したりして、努力をする。自分のエネルギーを燃焼させる先を、「落ち込む」という負の方向から「行動する」方向へと切り替える。そんなちょっとした変化が大事だと思います。

現代でも、プロとして長年活躍し続けている人たちは皆、たくましく、したたかで、しなやかです。柔軟な態度で、自分を活かす道を常に確保しています。過去の栄光や、自分のこだわりなどに執着することがありません。

たとえば、プロ野球の世界に目を転じてみましょう。

元中日ドラゴンズの山本昌選手は、入団当時はほぼ無名。思うような成績を残せませんでしたが、本場アメリカで指導を受け、野球への情熱を取り戻します。そして遊びで覚えたスクリューボールが最強の決め球になり、球界を代表する左腕へと成長します。

また、元巨人の川相昌弘選手が1994年、打率3割に到達して、「ベストナイン賞」と「ゴールデングラブ賞」をダブル受賞し、東京ドームで「パパ、頑張ったよ～！」と絶叫したことを覚えているでしょうか。川相選手は「主役としての活躍」ではなく、「送りバントで犠牲になり続けること」を選び、プロ生命を永らえさせました。

結果的に、日本記録の「通算533犠打」など数々の金字塔を打ち立てています。

このように、**もともと才能に恵まれた人たちも、自分自身を常にしなやかにアップロードさせ、よりよい道を追い求めている**ものなのです。公にされてはいませんが、焦燥感にかられる時期だっておそらくあったはずです。あなたがもし、現状に希望を見いだせずにいるならば。焦燥感に悩まされているならば。「品川心中」をきいて、お染の生き方に触れてみてください。本当にパワフルな女性ですから。

先輩や上司との関係がストレス

⇩自分と相手の間に「ちょうどいい点」を見つける

近年、「藪入り」という言葉を見聞きすることがとんと少なくなりましたが、その本来の意味をご存じでしょうか。正月と盆の時期、あわせて2度ほど、住み込みの奉公人が休みをとって実家に帰省できる仕組みをいいます。

そもそも「奉公」とは「他人の家に居候をさせてもらいながら、働く」というシステムのこと。昔は幼い子どもも口減らしのため商家などに奉公に出され、「丁稚《でっち》」（幼少の奉公人）として労働力を提供していました。

そんな奉公先から正月に帰省する「亀」と、その両親を描いたのが、この「藪入り」。息子・亀との再会にソワソワしすぎる父親・熊五郎と、冷静な母親の対比が聴きどころです。山場は、父親が早とちりをして、息子である亀を殴る場面です。その理由については落語をご視聴いただくとして、ここでは「奉公人のストレス」に焦点を当ててみましょう。

ビジネスパーソンが、所属する組織の中をうまく泳いでいく必要があるように、昔の奉公人たちも厳しい上下関係の中を生き抜かねばなりませんでした（だからこそ、「藪入り」というガス抜き期間が貴重だったわけです）。

キャリアの浅い奉公人は、先輩や店主から叱られることなんて、日常茶飯事でした。ことによると、ひどい仕打ちを受けることもあったはず。しかし、奉公先から勝手に外出したり、実家に戻ったりすることは許されません。その辛さは想像を絶します。

しかし、**奉公に従事すればするほど、経験値は蓄積されていきます**。たとえば商家にいれば、商いの心得のみならず、人間的な成長も促されるもの。ですから、あながち「悪いシステム」だと決めつけられない気もするのです。また、そこで得たノウハウは、早晩後輩に継承することになりますから、合理的な仕組みとも言えます。

これは一般論ですが、**過去につらい思いをした奉公人ほど、後輩に対してより親身に、より多くのことを伝えられる**ものです。また自分が実際に通ってきた道だからこそ厳しいことも言えるし、言葉の重みも増すはずです。

いかがでしょう。「昔の人たちの上下関係も、きっと大変だったんだろうな」と、優しい気持ちが湧いてきませんか。

もちろん落語家の世界にも、「徒弟制度」という厳然たる上下関係が存在しています。そこでの修業を終えたからこそ、一人前の落語家として〝お墨付き〟をもらえるわけです。

ここまでお話をしても、あなたがまだ、先輩や上司との関係に大きなストレスを感じているならば、恥ずかしがらず、周囲に弱音を吐き出してみてください。

かくいう私も9年半の前座時代、身内はもちろん、立川流内外の諸先輩方から、慰めや励ましをいただき続けてきました。そうでないと、とても身がもたなかったはずです。

それでもまだ解決しないようなら、信頼できる第三者に、客観的にジャッジしてもらうことをおすすめします。古くから**「仲裁は時の氏神」**と申します。「トラブルの最中に、仲裁に立ってくれる人は〝氏神〟と考えて、素直に従うのがよい」という教えです。

昔から、「大岡裁き」に代表されるように、客観的に善悪を判断したり、仲裁をしたりしてくれる第三者は各コミュニティに存在していました。代表的な例が、大家やご隠居です。でも今はどうでしょう。そんな**仲裁者を、自発的に求めていく姿勢が問われている**のかもしれません。

もし第三者を探す場合、どんな人がよいのかというと、「あなたと、先輩（上司）、双方をよく知る人」がベストです。職場にそういった窓口があれば理想的ですが、なければ他部署の先輩や、ベテランの社員などに声をかけてみましょう。

ではいったい何をジャッジしてもらうのかというと、あなたが経験していることが**「理不尽で不合理で無茶なこと」**かどうかです。

もし年長者から「お前の辛さは、俺たちも過去に味わったものだ」と主張されたとしても、今は時代がまったく異なるわけですから、一方的に受忍を要求されるのは、おかしな話です。それに体力や気力、仕事へのモチベーションには個人差もあります。

「我が社の伝統だから」などと、**一方的な忍従を要求される風潮や行為は、もはやパワハラの域にある**かもしれません。

「あなた」と、「先輩や上司」の真ん中に、「ちょうどいい点」（正しいこと）はあるはずです。この説は、親しくさせていただいているアカペラグループ「INSPi《インスピ》」のリーダー・杉田篤史《あつし》さんに教えてもらいました。**双方が対立したり、言い分や主張が嚙み合わなかったりするとき、「本当に正しいこと」は、自分と相手の「間《あいだ》」にある**という説です。そう捉えると、確かに歩み寄りたくなったり、優しくなれたりしそうですよね。

休んではいけないと思ってしまう
⇩
「休まない」はデメリットだけ。未来の自分のために休むこと

「皿屋敷」（別名「お菊の皿」）という噺があります。「いちまーい、にまーい」と皿を数える場面があまりにも有名な怪談話『番町皿屋敷』がネタ元です。

この怪談は落語に限らず、歌舞伎や浄瑠璃、講談、戯曲などさまざまなジャンルで作品化され、古くから日本人に親しまれてきました。とはいえ詳細をご存じの方は少ないのではないでしょうか。

とある興行師が、お上の許しを得て、お菊の幽霊を見世物にします。「お菊が皿を数えるのを8枚まで聞くと熱病に侵され、9枚まで聞くと狂い死にする」と言われていたため、見物人は6枚目あたりで一斉に逃げ出すのが通例でした。しかしあるとき、狭い木戸に見物人が殺到し、その多くが逃げ遅れてしまいます。

構わず、皿を数え続けるお菊。なぜだかいつもの上限を超えて10枚、11枚と皿を勘定し続け、とうとう18枚まで数え上げます。見物人たちがその理由を問うと「わかんないかね？今日は2日分演《や》って、明日は休みたいんだよ」と落とします。

いかがでしょう。幽霊といえども「仕事」で疲れている点が、いかにも日本らしい。休みの日の分もきちんと数え上げ、「仕事を前倒しして終えている」という律儀さ、健気さにぐっときます。なかなか休みがとれないというのは、売れっ子ゆえの〝悲劇〟でしょう。しかし、自分の意志を貫いて休もうとしている姿勢は、しっかりしています。

私たち現代人は、お菊の姿勢にもっと学ぶべきではないでしょうか。

特に「職場に行きたくなくても『休んではいけない』と思ってしまう人」。

その真面目さは見上げたものですが、**未来の自分のためにも、どうか休んでください。疲れが溜まるとデメリットしかありません。**いつしか大病が引き起こされるかもしれませんし、何より新鮮な気持ちで仕事に向かうことが難しくなります。ミスだって多くなりがちです。

「そう言われてもねぇ……」と疑義を唱えたくなる方のために、そもそも江戸時代の人々がいかに怠惰であったか、いかにユルい生活を送っていたか、お話ししておきましょう。

江戸の庶民、とりわけ農業従事者らの労働時間は、1日のうちせいぜい4〜5時間くらいだったという説があります（住み込みの奉公人は、もう少し長くなります）。電気もない時代「お天道様に労働時間を合わせる」しかないわけですから、至極健康的です。

驚くべきことに、職人になるともっとユルい働き方になります。

「昨日はみっちり働いたから、2日くらい続けて休んじまおう」

資料を見ていると、どうやらそんなノリだったようです。

もちろん職人たちを束ねる管理職である「親方」クラスになるともう少し真面目で、現場に足を運ぶくらいはしていたかもしれません。でも下っ端の職人に、勤勉さを強いることはなかったはず。

なにせ親方たち自身も、〝職人あがり〟なわけですから、彼らの「疲れたら休む」という気質については熟知しています。腕さえよけりゃたとえ気まぐれな働き方をしていても、文句を言ったり、仕事を干したりすることはなかったのでしょう。

「そんなユルい働き方で、職人は食べていけるのか？」という疑問も浮かんできますが、ご安心ください。職人たちの報酬は「日払い制」、しかも1日あたりの報酬はかなり高額だったので、「平日フル稼働」をしなくても食うには困らなかったようです。

「俺たち職人なんてぇものは、仕事さえありゃあ、大名暮らしができるんだ」という台詞があるのですが、実際、腕さえよけりゃ博打も酒も楽しめるし、吉原にも行くくらいは十分稼げたんでしょうね。

また「火事と喧嘩は江戸の華」というほど火事が多かったため、仕事には困らなかったはずです（不謹慎かもしれませんが「火事が経済を回していた」という側面もあるのです）。

「自分が行きたくなきゃ、休んじまえばいい」という職人の、さらに上をいく人たちもいます。与太郎です。

彼はさまざまな噺に登場しますが、「定職についていない」という設定のものも非常に多いのです。でも、**コミュニティの中でうまく自分の居場所を見つけて、温かい人たちに囲まれて生きています**。与太郎が食い詰めたとか、困窮しているという噺はきいたことがありません。

どうでしょう。あなたも「1日くらいサボってもいいや」というユルい気持ちになれたでしょうか？

〝勤勉でなければいけない〟という呪縛は解けたでしょうか？

とまれ「皿屋敷」を実際にきいてみてください。気分次第で仕事を休むような職人らがいる一方、仕事を前倒ししてやり遂げる律儀な幽霊もいる。そんな対比の妙に、「江戸って面白いなぁ」「人間ってやっぱり愛おしいなぁ」と笑えるはずですから。

悪くなくてもすぐ謝ってしまう

⇩「謝りグセ」や「腰の低さ」は使い様で最高の武器になる

「本質的に、自分は悪くない」とわかっていても、ついついすぐに謝ってしまう……。

そんな姿勢は、ある意味〝正解〟です。だって**「謝りグセ」は、江戸時代から最高の処世術のひとつ**ですもの。

たとえば「三軒長屋」という噺には、次のような金言が散りばめられています。

「とりあえず謝っちまえよ。**謝ってれば、小言は頭の上を通り抜けていく**」

「**逆らったってしょうがないだろう。**お前、あんなのに逆らうとどうなるんだよ」

江戸っ子たちは「腰の低さ」や「謝りグセ」こそが人間関係を円滑にしてくれたり、自分を守ってくれたりすることを見抜いていたのです。大したものですね。

「謝りグセ」という大人のマナーが庶民のデフォルトになっていたため、人口過密であるにもかかわらず、江戸全体がスムーズに流れ、長きにわたって繁栄したのでしょう。

「謝りグセ」というと、人情噺の大作「芝浜」の主人公、魚屋の勝五郎（通称「魚勝《うおかつ》」）のおかみさんも思い出されます。

この噺の中で徹頭徹尾、おかみさんに本質的な意味での「落ち度」はありません。しかしながら、愛する夫を更生させるために、詫びることになります。そこで**形式的にでも謝らないと、事態が収束しないことがわかっていた**からです。

では、彼女はいったい何を謝ったのか。端的にお話ししておきますね。

魚勝は、腕はいいのに大酒飲みの魚屋です。いつも酒浸りで、しっかり者のおかみさんをやきもきさせています。そんな魚勝が、あるとき河岸に出かける途中で、42両（当時の大金）を拾ったものですから、さあ大変。大興奮して帰宅し、おかみさんに報告をして、喜びのあまり酔いつぶれて寝てしまいます。

賢明なおかみさんは、夫の酒グセ、怠けグセが助長されることを懸念し「財布を拾ったことは夢だった」と、コミュニティの仲間を巻き込んで、ひと芝居打つことを決意。

仲間たちの熱演の甲斐もあり、魚勝はおかみさんの「優しい嘘」を信じ込むことに……。

「お金を拾った夢を見て喜ぶとは情けない」

こんなおかみさんの言葉で、魚勝は改心。懸命に働き、若い衆を2人置くまでに魚屋を発展させます。そして3年後、おかみさんは涙ながらに魚勝に「優しい嘘」の真相を明かし、騙していたことについて謝ります。

魚勝は、おかみさんの優しさに礼を言ったあと、酒をすすめられ、かの有名な台詞を返します。「よそう。また夢になるといけねぇ」

いかがでしょう。おかみさんは「悪くない」、でも「謝る必要があった」という背景がご理解いただけたのではないでしょうか。この「芝浜」の印象があまりに強くて、私は「本当は悪くないのに、潔く謝れる人」にシンパシーを感じずにはおれないのです。

だってその逆を考えてみてください。「本当は悪いのに、言い訳に終始したり、自分の正しさを主張したりしている人」とは、仲良くなれそうな気がしませんもの。お仕事をご一緒したいだなんて、到底思えませんもの。

「すぐ謝る」という優しさを備えている人のほうが、全方位的に好感度は高くなるでしょうし、何より**敵をつくりにくい**はず。いいご縁に恵まれ続けることでしょう。

もしあなたが「悪くなくても、すぐ謝ってしまうんだよなぁ」とお悩みならば。

「それでいいじゃないですか」と申し上げたい。

最近よく聞く「自己肯定感」という言葉を軸に、深く考えてみましょうか。

流行に乗っかった言い方をすると**「すぐ謝ってしまう」からといって「自己肯定感が低い」というわけではない**と思うんですよね。そもそもの話、「自己肯定感なんて低いほうが、人として理想的なんじゃないか」とすら感じています。

だって、落語の登場人物をご覧なさい。粗忽者、与太郎、長屋の住人たち……。「自己肯定感」が「低い」どころか「ゼロじゃないか?」というキャラクターのほうが圧倒的多数派です。そんな人たちが集うコミュニティだからこそ、世辞が潤滑油として非常に有効なのです。つまり、自己肯定感がゼロに近い分、ほめられると素直に嬉しいわけです。

とはいえ彼らがすごいのは、それが「世辞だ」とわきまえていること。舞い上がりすぎずに、**「あれは世辞だからな」**と、冷めた視線で現実を認識してもいます。

だから、いささか極論めいて聞こえるかもしれませんが、**「自己肯定感なんて低いほうがいいのかも」「もしかして不要なのかも」**と思えてくるのです。

そういえば私たち落語家も、前座修業の時期に「自己肯定感」を徹底的につぶされています。「俺が、俺が」という自己肯定感が高い人は、きっともたない世界です。だから「謝りグセ」をマイナスに捉える必要はありません。

それに「すぐ謝る＝自信がない」ということではないはずです。**自分に自信があるからこそ、相手への〝気遣い〟として謝ることができる**わけですから。

本当にやりたいことではない気がする
⇩まず自分を周囲に認めさせることに集中する

優れた父親を持つ彫り師の息子の悲哀を描いた噺があります。本人の名前をとって「浜野矩随《のりゆき》」といいます。

父親の死後、なかなか芽が出ない矩随を苦にして、母親がなんと自死するという壮絶な筋書きです。その死をきっかけに矩随は奮起、父親に劣らぬ名人になるのですが……。

悲痛な筋書きですが、かいつまんでご紹介します。

生前の父親の取引先から、どんどん見放されてしまう矩随。若狭屋という骨董屋だけが、矩随の作品をお義理で安価で買い取ってくれる、というなんともお寒い状況に……。

あるとき、矩随の作品の馬が3本脚と気づいた若狭屋は、「お前なんか橋から身を投げるか、首をくって死んでしまえ」と激昂します。

その経緯を察した母親も、「死んでおしまいなさい」と矩随を突き放し、「せめて形見に観音様を彫ってほしい」と頼みます。結果、素晴らしい観音様が完成。

母親は碗の水を矩随に半分飲ませ、若狭屋へと送り出します（この「別れの水杯」の場面が、母親の自死への意志を示唆する伏線になっています）。

観音様の出来栄えに驚く若狭屋ですが、「碗の水を母親に飲まされた」と矩随に聞いた時点で、母親の自死を察知。矩随を家の長屋に急いで帰らせます。しかし、母親は既に帰らぬ人となっていました。

この噺は「優れた親を持つ二代目って大変だなあ」と読めるかもしれません。しかし、敷衍して考えると、誰にでも当てはまる教えのような気がします。

たとえばシビアに聞こえるかもしれませんが、社会に出ると**「評価はすべて人様が決めるもの」**なのです。「仕事に心を込めました」「一生懸命やりました」……、そんな〝主観〟は一切通用しないのです。

まずは、周囲に認めさせることが大事。厳しく聞こえるかもしれませんが、それが〝社会〟というものなのです。特に江戸時代は、職業選択の自由がありませんでした。親の家業を継ぐのが一般的。農家に生まれれば農家を継ぐ、商家に生まれれば商家を継ぐ。もちろん職人の息子は職人で、武士の息子は武士、浪人の息子は浪人です。

つまり、自分自身が従事している仕事について「本当にやりたいことではない気がする」という疑問を差し挟む余地もなかったわけです。

さまざまな自由が（憲法上は一応）担保されている私たちとは、比べるべくもない窮屈さがあったでしょう。しかし、〝世襲〟が当たり前の世の中だったからこそ、「本当にやりたいことではない気がする」という悩みは存在しなかったはずです。

もし江戸時代の人に、「俺の今の仕事、本当にやりたいことじゃない気がするんだよね」などと相談を持ちかけたとしたら。「はぁ？　お前さん、今の仕事で食えているだけ、御の字じゃねぇか」と驚かれること、請け合いです。

今の時代は、江戸とは比べものにならないほど、自由が保障されています。

基本的人権のひとつとして「自由権」が保障されており、国家から制約も強制もされず、自由に物事を考え、自由に行動できることになっているからです。

思想、良心、信教、学問、社会、結社、表現などの自由。そして居住、移転、職業選択、海外移住などの自由。

これらのほとんどは、江戸時代の庶民には許されていなかった〝自由〟です。

とはいえ、今の私たちが江戸の人たちより幸福度が高いかというと、私は首肯できません。皮肉な話ではありますが**「選択肢がありすぎる不幸」「自由すぎる不幸」**、そんな言葉も浮かんでくるのです。

無論、選択肢の多い、チャンスに富んだ社会を私たちは目指すべきでしょう。それによって「江戸時代では到底なし得なかったこと」を実現できる人がぐんと増えるからです。けれども「選択肢がありすぎる不幸」によって迷いが生じ、一生夢を追いかけ続ける、青い鳥を探し続ける。そんな〝**自己実現迷子**〟な人たちが増えることも危惧しています。

もしあなたが「本当にやりたいことではない気がする」という疑念を拭い去れないというならば、矩随を思い出してあげてください。

彼は、作品をけなされたとき、いったいどう感じていたでしょうか。

もちろん、「彫師なんて、本当にやりたいことじゃない」とたまさか思ったことはあるかもしれません。しかし、最終的に自分の置かれた境遇で努力を重ね、見事に結果を出したのです。どこかで「これが、俺の本当にやりたいことだ」と覚悟を決めていたはずです。

現代では転職情報サイトが花盛りです。「さまざまな会社を渡り歩いてこそ一人前」、そんな風潮に迎合してみたくもなるでしょう。しかし、矩随のように、一本筋を通そうとする生き方もよいのではないでしょうか。

「働く」ってのは、ただでさえ大変なこと。
「こうあるべき」なんていう思い込みは取っ払って、
もうちょっと「わがまま」で「怠け者」、
くらいがちょうどいいんだ。

第4章

粗忽者に学ぶ「ひとりの過ごし方」

ミスをプラスの印象に転換しておく

短期的には「失敗」でも、長い目で見ればそうじゃないことばかり

聞き間違い、言い間違いなどの「勘違い」を軸として展開していく落語は数多いものです。言葉の発信者と受信者の間に生じる齟齬《そご》（ズレ）が、噺を思わぬ方向に展開させていく。それは落語という演芸の真骨頂です。

また「受信者側が、なぜ勘違いをしたのか」を考えると、面白いものです。受信者本人に都合のよいように解釈している、というケースがほとんどといっても過言ではありません。つまり**「人間は、いつの時代も自己中心的で、己が可愛い生き物なんだなぁ」**と痛感させられます。ここでご紹介する「紀州《きしゅう》」はまさにそんな噺です。

七代将軍家継《いえつぐ》が幼くして急死し、次代の将軍を決めることになりました。尾州《びしゅう》侯と紀州侯、2人の候補のうちどちらかを将軍に決めようという日。尾州侯が駕籠《かご》

で城に向かう途中、鍛冶屋が槌を打つ音が聞こえてきます。

「トンテンカン、トンテンカン……」

それが尾州侯の耳には「テンカトル、テンカトル」と聞こえてなりません。「よい兆しじゃ」とすっかり舞い上がるものの、もったいをつけて「大人物である」とアピールをしたくなり、大役をいったん辞退します。

すると予想に反して、次期将軍はあっけなく紀州侯に決まってしまいました。

その帰り、尾州侯が、行きと同じところを通りかかると、なぜかまだ鍛冶屋からは「テンカトル、テンカトル」と聞こえます。尾州侯は、また虫のよいほうに解釈をします。

「紀州侯は将軍職を引き受けると答えていたが、『やはり尾州侯に』と、あとで頼みに来るんだろう」

ひとりでつらつらとそう考えていると、鍛冶屋の親方が、真っ赤に焼けた鉄を水に勢いよくつける音が聞こえてきます。

「キシュゥー」（紀州）

この噺は、大変奥深い「認識論」だと言えるでしょう。

地口オチで馬鹿馬鹿しく聞こえますが、**「認識する側の思いで、世の中は変わってしまう」**という大事な真理を教えてくれているような気がします。

だって、鍛冶屋は「尾州侯は天下を取る」だなんてまったく考えていないのに、尾州侯はひとりで自分の都合のよいほうに妄想を膨らませてしまうわけです。今風に言うと「自意識過剰」と形容できそうです。

この尾州侯の教えを私たちも日常生活にうまく取り入れれば、楽に生きていけるのではないでしょうか。

たとえば、職場でミスをしてしまったとしましょう。短期的に見ると、先輩や上司に叱られ、恥ずかしい思いを味わったかもしれません。でも長い目で見ると「それはミスではなかった」ということにもなりかねないのです。

極端な例を挙げると、「あなたの小さな過ちが、実は組織全体の綻びを気づかせることにつながり、組織全体が救われた」ということになるかもしれないのです。あなたのおかげで「組織の大難が小難に変わった」ということも起こり得るのです。

だから、マイナスの感情が湧き起こってきたときは、受け止め方をプラスの方向に変えてみてください。すると、心の消耗を低減できます。

具体的には、何かしくじったと思ったとき。「これって、本当にミス？　実はプラスじゃないの？」と自問自答を繰り返してみてください。時間軸を変えるだけで、１８０度正反対の評価ができることもありますから。悲観と楽観は紙一重なんですよ。

私は前座時代に、さんざんしくじり、談志に数えきれないほどの小言をもらいました。その度に「落語家を目指すなんてやめよう」と、何度も思い詰めたものです。でも、それらのしくじりがあるからこそ、プロの落語家になれたり、こうしてあなた様にメッセージをお届けできたりしているわけです。つまり過去のミスをネタにして、人様に笑っていただいたり、なんらかの生き方のヒントにしていただいたりしているわけです。

これほど正反対に、経験の評価が変わる例はないでしょう。

ですから「ミス」を目の敵《かたき》にするのは、もうやめましょう。

「私、失敗しないので」

そんなヒロインの決め台詞で有名な医療系のテレビドラマがありましたよね。このフレーズは、もはや人間の台詞ではありません。ＡＩの思考回路から出てくるものでしょう。

さらに言うと、**これからの世の中は「失敗ができる仕事」しか人間には残らない**ようになるはずです。

「**失敗が発生しない仕事なんて、機械に任せておけばよい**」

既にそんな風潮は浸透しつつあります。ですから、失敗して落ち込む必要なんてさらさらないのです。**「ああ、失敗が発生する仕事でよかった」**、そう安堵すべきです。

自分の頑張りすぎに気づいてあげる

⇩

「ほどほど」を忘れずに。

行き過ぎた「頑張り」は消耗するだけ

「千両みかん」という有名な噺があります。

夏場に、みかん食べたさに寝込んでしまった若旦那のために奔走する、番頭の噺です。番頭は、みかん問屋で季節外れのみかんをやっとこさ発見。大旦那の許しを得て、1個千両のみかんを入手します。

大喜びした若旦那は「両親は1房ずつ、お前も1房食べておくれ」と、3房を残して番頭に差し出します。しかし「3房＝300両」のみかんを見て番頭は考え込んでしまいます。そして「ままよ」と、みかんを持ち逃げする……というオチです。

いかがでしょう。「千両みかん」は、時代を超えて私たちにさまざまなメッセージを伝えてくれています。あなたは、どんな感想を持たれたでしょうか。

まず「値付けと需給の関係について考えさせられた」という人は多いのではないでしょうか。確かにそこも大きなポイントです。「季節外れのみかんなのだから」と、みかん1個に千両の値をつけたみかん問屋には、**商人の矜持**を感じますね。

それに加えて、特に触れておきたいのは、番頭の精神状態の危うさです。

彼はそもそも、毎日毎日頑張りすぎて、尋常な判断ができなくなっていたように見受けられます。だから、3房のみかんを見たときに「300両」の価値があると勘違いしてしまったのではないでしょうか。そして、外でみかんを換金すれば、その金は自分のものになり、楽ができると思い込んでしまった……。

馬鹿げた噺と言ってしまえばそれまでですが、番頭が気の毒に感じられてなりません。**「ことによると自分も状況次第では、同様のしくじりをするかも」**そんなシンパシーを抱かずにはおれないのです。

この番頭に限ったことではありませんが、落語は登場人物やその行動を極端にデフォルメ（誇張）することで、私たちをさりげなく諭したり、警戒を呼びかけたりしてくれています。だからきく側は、**噺に笑いつつも、無意識のうちに「◎◎のようにはならないように気をつけよう」とその了見や言動を改めることができる**のです。つまり落語の登場人物たちは皆、私たちのかわりに辛い目に遭ってくれている、いわば人身御供《ひとみごくう》的な存在なのです。

そういう視点で見ると、この番頭を「馬鹿だなぁ」と笑い飛ばすことはできません。

「俺も、彼みたいに働きすぎないようにしなきゃ」

「正常な判断ができなくなるまで、根を詰めて働きすぎてはだめだよなぁ」

このように、自分を戒める材料とするのも、落語の正しい〝活用法〟のひとつです。

無論、江戸の人たちも、落語をそのようにして実生活に役立てていたはず。ストレスフルな日々の身近なガス抜き装置として、セーフティーネットとして、落語を活用していたと思われます。現代のように、リラクゼーションのためのサービスが整っているわけでも、福祉のサポート制度が行き届いているわけでもありませんから。

寄席にいる間は、自由に魂を遊ばせ、ストレスを緩和させ、「ああ、救われた」と思って、明日への英気を涵養《かんよう》していたのでしょう。

落語とは、さしずめ〝心の持続化給付金〟だったのかもしれません。だからこそ、幕末にコレラが大流行した際にも、江戸の寄席の数が170にも上ったのでしょう。

「世の中は、いつも不合理で不条理で、面白くないことだらけ。毎日しんどいことだらけだけど、寄席にいるだけで気持ちがなんだかスカッとする……」

そんな気持ちで、噺にきき入っていたに違いありません。

もちろん「頑張ること」自体が「悪」というわけではありません。行きすぎた「頑張り」がよろしくない、と私は申し上げたいのです。

そもそも人間とはいったん極端な方向に走り始めると、アクセルが全開になってしまい、いい塩梅を保てなくなるようにできています。

古典落語の作者たちは、そんな人間の〝業〟についても当然見抜いていたはず。だからこそ**「〝ほどほど〟を忘れるな」**というブレーキ的なメッセージを、噺に込めたのでしょう。

とはいえ落語家が高座で「お客さん、明日もほどほどに頑張ってくださいね」と直接的な言葉で伝えても、さして心に響かないでしょう？　だから**落語のキャラクターをあえて辛い目に遭わせたり、回復させたりして、聴き手がそこに自己投影や感情移入をできるようにした。それが「落語」という洗練された〝芸〟の本質**なのです。

「最近の俺、頑張りすぎてたな」「ひとりで飛ばしすぎてたかも」。「千両みかん」をきいて、少しでもそう自覚できたら、しめたもの。

あとは思いっきり笑って、自分を慈しんであげてください。

自分の強みや弱みをゆっくり見つめ直す

⇩人からの指摘でなく自分で確認していくことが大事

「お見立て」という廓噺《くるわばなし》（遊郭を扱った演目）があります。ひとり時間をより充実させたくなる噺なので、ご紹介しておきますね。

吉原の花魁《おいらん》・喜瀬川《きせがわ》に惚れ込み、遊郭に通い詰めていた田舎者の杢兵衛《もくべえ》。でも喜瀬川は、野暮で乱暴者の杢兵衛のことが、本当は大嫌い。顔を見るだけで、震えや吐き気を催すほど、生理的に受け付けません。そこで若い衆の喜助に頼んで、仮病を使って杢兵衛を追い返そうと企てます。「病気」と言えば「見舞いに行く」、「死んだ」と言えば「墓参りに行く」。そんな杢兵衛を、喜助は墓場へ案内する羽目になります。

喜助は適当な墓を見繕い、「旦那様、こちらの墓です」と線香を上げ手を合わせます。

しかしその戒名には「◎◎◎信士」とあるので、男の墓。

次に喜助が手を合わせた墓の戒名には「△△童子」とあるので、子どもの墓。

「おい！　いったいどれが本当の喜瀬川の墓だ？」

声を荒らげる杢兵衛に、喜助がひとこと。

「ずらりとございますんで、どれでも好きなのをお見立て願います」


この噺が教えてくれるのは、「メタ認知の大事さ」です。

「自分がこのような発言や行動をしたら、相手はこう感じるだろう」というメタ認知能力のある人は、周囲からの評価も高くなります。

しかし、**メタ認知能力が低い人の場合、相手に知らず知らずのうちに嫌われていたり、迷惑をかけてしまっていたりする**ものです。

「お見立て」に出てくる田舎者の杢兵衛は、このメタ認知能力に欠けていたため、自分が「歓迎されていない客」だと最後まで気づけなかったわけです。


ではいったい、どうすればメタ認知能力を磨けるのかというと……。

ひとりになったとき、自分自身の強みや弱みをひとつひとつ〝棚卸し〟して、〝自分〟というものをゆっくりと見つめ直すしかありません。

たとえば杢兵衛の場合。

「俺は、本当にモテているのだろうか？」

「喜瀬川はいつも歓迎してくれるが、それは俺がまあまあよく通う客だからであって、俺自身が色男だからというわけではないだろう」

「しかも、俺はそれほどのお大尽《だいじん》（お金持ち）じゃない。つまり、俺より色男で〝太い客〟はもっといるはずだ……」

「喜瀬川も商売だから、俺に表面的に優しくしてくれてんだよなぁ。ありがてぇなあ」

客観的に自分自身を見つめていれば、これくらいはわかっていたかもしれません。

え、「自分のことをそんなにシビアに観察できないよ」、ですって？

そのお気持ちはわかります。でも、**メタ認知能力は、何歳からでも鍛えることで、アップさせることが可能な能力**です。筋トレと同じで、億劫がらずに鍛えたもん勝ちです。


もし杢兵衛のメタ認知能力が、もう少し高かったら。

自分のことをわきまえて、喜瀬川との関係を築こうとしていたら。

彼女にもっと優しく、丁重な態度で接することができていたかもしれません。そうなれば、彼女に居留守を使われるほど、嫌われはしなかったはず……。

だから、自分自身を冷徹な目で分析することは、非常に大事なのです。

もちろんこの教えは、現代についても言えることです。わかりやすい例を挙げておきましょう。

あなたが職場で周囲からちやほやされていたり、どんなときも笑顔で優しく対応されていたとしましょう。

「俺みたいな〝並〟の男に、みんなが優しく接してくれるのは、肩書きの力だよなぁ」

もし謙虚にそう認識していれば、セクハラ、パワハラなどの問題なんて起こりません。

さらに言うと、水商売のお店などに行ったとき、「俺って、けっこうモテるなぁ」なんて勘違いをしないでくださいね（笑）。**金銭授受の関係があったり、職場での利害関係が絡んだりする場合、お金を受け取る側、もしくは立場が目下の側が、愛想よくしてくれたり、優しくしてくれたりするのは当たり前**ですから。

自分自身のことを見つめ直す作業は、しんどいことばかりではありません。あなた自身の「強み」も、きっと見えてくるはずです。

ただ、人に指摘されるのではなく、自分で気づけるようになることが大事。それはとりもなおさず「メタ認知能力」を磨くことに直結するからです。

ひとり時間に自己分析を繰り返すことで、メタ認知能力に磨きをかけていきましょう。

「忘れスイッチ」を押す

⇩「忘れること」とは心を守る能力であり、リセットの好機

あなたはイヤなことはすぐ忘れてしまうタイプですか？

それとも、ずっと引きずってしまうタイプですか？

人間の脳の容量には限界があるもの。だから、脳は記憶の重要度を判断し、「その日の食事」など「重要でない出来事」はどんどん忘れるようにできています。しかし「重要な出来事」と脳が判断した事柄は、長らく記憶してしまう。これが脳科学の定説だそうです。

たとえば私の場合、「談志の留守中に、冷蔵庫の中のものを腐らせてしまった」など、前座時代のしくじりを、いまだに鮮明に覚えているわけです。困ったものですな。

「自分の意志で記憶を消せる『忘れスイッチ』のようなものが備わっていれば」「パソコンにおける『削除キー』のようなものが脳にあれば」などと夢想してしまいます。

落語には強力な「忘れスイッチ」が生まれつき備わっているかのようなキャラクターが存在します。代表的な幇間《ほうかん》（太鼓持ち）、**「一八《いっぱち》」**です。**旦那と行動を共にしていて、辛い目によく遭うのが特徴**です。

しかし、悲壮感がまったくありません。起こったばかりのトラブルを、即忘れる能力に長けているからでしょう。つまり、ストレスが多い状況において**「忘れること」とは心を守る能力たり得る**のです。

「健忘症」という言葉を思い出してみてください。あくまで憶測の域を出ませんが「忘れること＝健やか」、昔の人たちはそんな見方をしていたのではないでしょうか（もっともビジネスの現場においては「忘れやすい」という性質は、歓迎されにくいかもしれませんが……）。

ここでは、「忘れ上手」な一八が活躍（？）する噺「愛宕山《あたごやま》」を紹介させてください。

愛宕山に遊びに来た旦那と一八は、その山頂で「かわらけ投げ」を始めます。「かわらけ」（土器）に願をかけて谷底に投げ、そこに下がっている的（丸い輪）に通すという遊びです。遊び人の旦那が成功し続ける一方で、一八の投げるかわらけは的をかすりもしない。

そのうち、悪ノリした旦那は、かわらけの代わりになんと小判を谷底に投げ始めます。「捨てた小判は、拾った人のもの」という旦那の言葉を聞いた一八は、傘をパラシュート代わりにして谷底にダイブし、小判を拾い集めます。しかし、今度は上に登れません。

焦った一八は、着物を割いて長いひもをつくって高い竹に巻き、それをしならせ、竹が元に戻ろうとする力を借りて、旦那のもとへと着地します。

「えらい奴だね。一生贔屓にしてやるぞ。で、拾った小判はどうした？」

「あっ、谷底に忘れてきた」


せっかく拾い集めた大金を谷底に忘れてきた一八に私たちは笑い、「やっぱり人間には、間抜けなところがあるよなぁ」と共感し、開放感で満たされるわけです。

これがもし「一八は大金をめでたく持ち帰りました」というオチだったら、面白くもなんともないですし、共感することも難しいでしょう。


一八を見ていると、彼は**「忘れること」ですべてをリセット（仕切り直し）している**ように思えます。

「谷底に金貨を置いてきた」という大きなしくじりも、翌日にはけろりと忘れていそうです。そんな彼の「人生リセット」を追体験できるという意味で、愛宕山は非常に優れた噺です。

本当は誰にでも「忘れスイッチ」は備わっているはず。それに早く気づいて、うまく使えるか否かで明暗が分かれるのかもしれません。

そもそも**仕事の現場に身を置いていると「忘れない」「思い出す」（リマインド）の方向に、心を傾けざるを得ない**ものです。だから「忘れスイッチ」の重要性には、なかなか気づきにくいかもしれません。

総括しておきましょう。

人は過去のしくじりを後悔するために生まれてきたわけではありません。「今」「ここ」という刹那を最大限に生きるために、生を享けたはずです。

ですから「やってしまったこと」を心に蓄積しないこと、脳に刻み込まないことが非常に大事です。言い換えると**「忘れっぽい人」こそ、ストレスに強い**と言えそうです。

「思い出すと暗い気持ちになること」、つまり精神衛生上、自分に都合の悪いことはどんどん忘れるようにしましょう。過去の呪縛に絡めとられそうになったら「愛宕山」をきいて、一八に心を重ねてみてください。彼は粗忽者の中の粗忽者です。「忘れること」を忘れた現代の私たちを程よく弛緩させてくれますから。

手前味噌に聞こえるかもしれませんが、寄席にふらりと噺をききに行くという行為自体も、粋な「忘れスイッチ」になりますよ。

頼れる人、話ができる人を探しておく

⇩人が健やかに生きる土台は、「分断思考」ではなく「分散思考」

相撲取りが主人公という珍しい噺があります。「阿武松《おうのまつ》」（出世力士）です。

武隈《たけくま》親方の相撲部屋の新弟子・小車《おぐるま》が、大食漢すぎることを理由に部屋を破門され、身投げを決意します。

部屋を追い出された夜の投宿先で、「この世のおまんまの食い納め」とばかりに、食べ続ける小車。その様子が店員から主人の耳に入ったことがきっかけで「俺が懇意にしている錣山《しころやま》親方を紹介しよう」と提案されることになります。

その後、小車は「小緑《こみどり》」という四股名《しこな》で錣山親方に弟子入りさせてもらい、かわいがられて急成長。旧師匠の武隈親方を投げ飛ばした名勝負が長州毛利の殿様の目に留まり、お抱え力士となり、やがて横綱にまで昇進します（親方が興行で土俵に上がることは、当時は普通のことでした）。

この「阿武松」は、いわば角界のシンデレラストーリーです。**「頑張りを認めて、力を貸してくれる人は必ずいるから、夢をあきらめるな」**という強烈なメッセージを感じます。それは言い換えると、**「ひとりで何でも背負いこみすぎるな」**ということではないでしょうか。痛みも喜びも分かち合える〝サポーター〟の重要性が説かれているような気がします。

つまり「らくだ」(60ページ)、「長屋の花見」(76ページ)でも見たように、「分散」の概念が大切になってくるはずです。**人が健やかに生きるための土台は「分断思考」ではなく「分散思考」**なのです。

とはいえ口を開けて、〝棚ボタ式〟にサポーターが現れることを待ち続けていても、なかなかうまくはいきません。現代に生きる私たちが、小車のようなよき恩人たちとの邂逅《かいこう》を望むなら、**コミュニケーション能力を平素から磨いておくことが必須**でしょう(小車も、宿屋での尋常ならざる食べっぷりが噂になり、主人の耳に届いたのです。小車は意識をしていなかったかもしれませんが、「食べっぷり」が図らずも一種の自己アピールになっていたわけです)。

身近な例で言うと、ご近所さんに会ったときには、自分から先に笑顔で挨拶するだけでも、自分をプレゼンテーションすることにつながります。

困ったときに沈んだ表情をしていれば、今度は向こうから「どうしたんだい？」と心配してくれるようになるでしょう。

ＳＮＳだって役に立ちます。

とはいえ「ほしい物リスト」を公開したり、「教えてください」などと直截《ちょくさい》な助けを求めたりすることはありません。「今ぼんやり感じていること」を明文化して発信するだけでも、自分の立場をわかってもらうことにつながります（感じていることをアウトプットする作業は、自分自身を客観的に見つめ、解決策を見つけるトレーニングにもなるのでおすすめです）。

些細なことに思えるかもしれませんが、**そんな自己開示の積み重ねが、大きなご縁につながることは珍しくありません。**つまり現代においては、ＳＮＳも使いようによってはセーフティーネットになり得るのです。

無論、ネガティブな発信を垂れ流しにしていては逆効果ですので、お気をつけください。いくら「言論の自由」があるといっても、愚痴や悪口、差別的、反社会的な発信はもってのほか。つまりネット上での会話術を磨くことも、サポーター獲得への第一歩となるわけです。

古典落語には、名サポーターが登場する噺が多数あります。

大変興味深いことに「粗忽者や与太郎など、危なっかしい人物ほど、名サポーターがついている」という傾向が見られます。たとえば有名どころでは「錦の袈裟《けさ》」「鮑《あわび》のし」といった噺があります。この2つの噺は「主人公の間の抜けた男を、しっかり者のおかみさんが補佐して、所帯を切り盛りしている」という構図が共通しています（どちらもカラリとした明るさの笑える噺ですので、ぜひご視聴くださいね）。

これらの作品を見るにつけ、古典落語の作者は**「人はひとりではまともに生きていけない」**という真理を熟知していたように思えてなりません。

人と人とのつながりの中で、補い合いながら成長を遂げていく、極めて社会的な生き物、それが人間の本来あるべき姿なのでしょう。

もちろん、そんな関係性に疲れたり、おつきあいを煩わしく感じたりしたとき、一時的に引きこもりたくなることは、誰にでもあるはずです。

しかし、「仕事」や「新たなご縁」など成長のきっかけは、サポーター本人や、サポーターの力を介してもたらされることが多いものです。サポーターとつながり、信頼関係を築き、たとえゆるやかでも良好に持続させておくことは、人生のどんな時期においても大切です。

いらないもの、人、情報を捨てる

⇩定期的に物事との距離を調整して常に身軽に

「堪忍袋」という噺があります。喧嘩ばかりしている長屋の夫婦、熊五郎と、お松の物語です。

ある日、大家が仲裁に入り、夫婦に助言をします。

「お前さんたちは、思っていることをそのまま言うから喧嘩になるんだ。〝堪忍袋〟をつくって、そこに文句を大声で吹き込んで、ひもで口を縛りなさい」

まず熊五郎が堪忍袋の中に怒鳴り込みます。

「亭主を亭主とも思わないスベタアマ～！」

次いで、お松が堪忍袋の中に向かって叫びます。

「スケベ野郎、オケラ野郎、しみったれたイタチ野郎～！」

試してみると、効果抜群。夫婦喧嘩がぱったりと収まります。

その噂を聞きつけた長屋のご近所さんたちが、熊五郎のところに押し寄せ、堪忍袋は大評判に。みんなが奪い合うようにして不満を吐き出すため、堪忍袋は罵詈雑言でパンパンになってしまいます。そして「堪忍袋が破れてしまう」というオチで終わります。

いかがでしょう、オチについては、最初から予想がある程度できたのではないでしょうか。しかし、結末がわかりきっていても、一流の落語家が演じると、爆笑必至です。マンネリの予定調和でも、大きなカタルシスが得られますので、ぜひおききになってみてくださいね。

まあ馬鹿馬鹿しい与太話ではありますが、この「堪忍袋」は現代の私たちに大きな教訓を伝えてくれています。

「不要な **①もの ②負の感情 ③情報 ④人間関係** はさっさと手放しておしまいなさい」

そんなメッセージを受け取ることができるのです。

まず、不要な「**①もの**」を捨てればすっきりするのは、言わずもがなのことですよね。「**②負の感情**」も百害あって一利なし。不安や心配、嫉妬などは、声に出したり、書き出したりして言語化して潔く捨ててしまいましょう。

もしくは、「コンテンツ」（作品）に昇華することができれば理想的です。

また**「③情報」**も、取捨選択して、うまく捨てていきたいもの。

一定期間、スマホやパソコンなどのデジタルデバイスとの距離を置き、「現実の世界で生きること」に焦点を定める試みを「デジタルデトックス」というようですが、非常に大切だと思います（スマホやパソコンと向き合いすぎると、体へのダメージもありますしね）。

「④人間関係」も然りです。これは完全に縁を切る（捨てる）わけではなく「しばらく会わない」というニュアンスだと理解してください。

状況によって、少しくらい距離を置いても不義理にはならないでしょう。

また人間関係の場合、冷却期間を少し置くことで、その絆がより強固に結ばれることもありますから。


え？　「どういうことかわからない」って？

ではもう一席、「笠碁《かさご》」という噺をご紹介しておきますね。

碁が大好きな旦那2人がいました。2人はいつも仲良く碁盤を囲んでいたのですが、ルールをめぐって些細ないさかいを起こし、やがて大喧嘩に発展してしまいます。

「前に金を貸してやったのに」「その恩義があるから、大晦日には手伝いに行ってやったのに、そばの一杯も出しやがらねぇ。この、しみったれのヘボ碁！」「うるせぇ、帰れ！」

「二度と来るもんか！」

しかし「碁敵《ごがたき》は　憎さも憎し　なつかしさ」という川柳にあるように、数日も経つと2人は互いに寂しさを感じるようになります。どうにも我慢ができなくなり、相手の家に出かけてしまう……という旦那のお話です。2人は以前にも増して、絆を深めます（このとき、旦那が雨の中、菅笠をかぶって出かけたことから、ちょっとしたハプニングが起こるのですが、それが噺の題名の由来になっています）。

この2人の旦那のように「四六時中、ずるずると顔を突き合わせていた関係」というのは、やはり**心と心の距離感がおかしくなりやすい**のです。それに、ひとりになって自分のことに集中するのも大事なこと。だから、**人間関係を一時期だけ「捨てる」（しばらく距離を置く）という選択は、とても有効**です。

現代の例で具体的に言うと、**スマホを一時的に「機内モード」に設定する、**という方法は非常におすすめです。着信や、メール、アプリの通知をワンタッチで停止、そして再開することができますから。

電源のオン・オフよりもはるかに楽。それにバッテリーの節約にもなります。私は、落語を録音するときや、就寝するときに、よく機内モードを利用しています。

賢く「捨てて」いきましょう。

ひたすら寝る（何もしない）

⇩「何もしないこと」はある意味大きな「投資」であり「生産活動」

落語の世界には、泥棒が主人公の「泥棒噺」が数多くあります。

酒に酔っ払い、忍び込んだ先で子どもをあやしながら防火用の穴に落ちる「穴《あな》どろ」。敷居の下を掘り、そこから手を入れて開錠する技を得意とするも、うっかり見つかってしまう間抜けな「もぐら泥《どろ》」。妾宅《めかけ》に忍び込むが、色仕掛けに遭い、逆に有り金を巻き上げられてしまう「転宅《てんたく》」。

このように、「超一流」というわけではなく、失敗してばかりで憎めない。ですから「泥棒＝悪」という今までの固定観念がゆらぎ、彼らのことが愛おしく感じられるはずです。

なかでも「夏泥《なつどろ》」（別名「置き泥」）に出てくる泥棒は、一、二を争う粗忽さで、落語初心者の方にも大爆笑していただけること請け合いです。なにせ、悪事を働くつもりが人助けをしてしまうのですから……。

ある夏の夜、貧乏長屋にコソ泥がやってきます。灯の消えた部屋を発見。「灯を節約して寝るほどだから、しこたま金を貯め込んでいるのだろう」と当たりをつけて様子を探ると、不用心にも扉が開けっ放し。中に入るとひとりの男が寝ています。

「金を出せ」と迫る泥棒に、男は必死に訴えます。

「俺は腕のいい職人だけれども、博打ですり、道具箱から着物まで質に入れてしまい、働けない。いっそ殺してくれ！」

泥棒は急いで、「質から道具箱を出すための金」を男に渡します。

しかし男はさらに泣きつきます。

「何も食べていないし、着物もない。質から道具箱を出しても、働けない」

泥棒は、自分の所持金80銭をやむなくすべて男にくれてやる羽目に。

「ありがてぇ、この金は借りたんだ。今度来たときに返す」

「誰がもう来るもんか」

「そう言わずに、季節の変わり目にまた来ておくれ」

「馬鹿言え！」

この「夏泥」には、ほかにもさまざまなオチが存在します。

「俺には身内がいないから、親類になってくれ」と泥棒が男に懇願されるパターンや、泥棒が男のところに忘れた煙草を、男が追いかけて届けるパターンもあります。

男は泥棒の名前を知らないため、「おーい、泥棒ォ」と大声で呼びかけるわけですが、その様はなんとものどかです。

さて、この筋書きを読んで、あなたはいったい誰に感情移入をしますか?

実は私、泥棒に入られた側の「寝ている男」に共感するというか、憧れを抱いてしまうのですよねぇ。というのも「夏泥」は結局「何もしていない人間が、最後は勝つ」という噺だからです。そもそも「昼間っから仕事にも行かず寝ている」というのは、今も昔も究極の贅沢のひとつでしょう。

よほどのお金持ちでもない限り、平日であれば「仕事をしなければ」と思うはずです。また**「生産活動に関わらなければ」「社会活動をしなければ」**と焦ってしまいがちです。だからこそ、堂々と寝ていられる男の強靭な心に、惹かれるのかもしれません。

しかし、人生のある一定期間「ひたすら寝ること」、言い換えると「何もしないこと」「休むこと」は、ある意味大事です。

そこでとった休養は、必ず次へとつながります。心も体もリフレッシュされるはずですから、**「何もしないこと」とは、大きな「投資」**なのです。

私たち日本人は、元来休み下手です。「駆り立てられるように、猛烈に働き続けてしまう」という国民的な気質がありますから、無意識に過ごしていると過労死へとまっしぐらです。

「滅私奉公」「不眠不休」「企業戦士」……。そんな概念が美徳として通用したのは、せいぜい昭和までの話。それまでは、**効率至上主義、結果至上主義。つまりあらゆる面で「促成栽培」的な社会**だったのです。

しかしこれからの時代は、右肩上がりの成長が保障されているわけではありません。ですからヨーロッパ的に上手に休んでストレスを減らし、周囲にも〝頑張り〟を強要しない働き方が求められているはずです。そのような価値観を広めるためにも、ぜひ「夏泥」をきいていただければと思います。

もしあなたに「働きすぎ」という自覚があるならば、ゆっくり寝たり、何もしようとせずに数日間、もしくは数時間を過ごしたりしてみてください。**疲れがとれると、ものの見方や感じ方まで変わってきますから。「眠る」「休む」「何もしないでゴロゴロする」……。自堕落に思える過ごし方も、俯瞰して見るとある意味「生産活動」**の一環なのです。

周りの空気なんて気にせず、「何もしない時間」を持つ、というくらい積極的、能動的に、休んでしまいましょう。ただし戸締りはきちんとしてくださいよ（笑）。

自分で自分をほめる

⇩

何事も「ほめる」につなげれば無益な落ち込みが減り、幸せになれる

「この考え方は、さすが落語だな！」

そう唸ってしまう「不動坊《ふどうぼう》」という噺があります。

品行方正で知られる吉兵衛《きちべえ》のところに、ある日大家が縁談を持ち込んできます。最近急死した講釈師・不動坊火焔《かえん》の残した女房・お滝が、「亡き夫の借金を肩代わりしてくれる人と縁づきたい」と、再婚相手を探しているというのです。

吉兵衛が二つ返事で承諾したところ、その夜が祝言となり、あわてて湯屋に飛び込みます。嬉しさに舞い上がった吉兵衛は、湯船の中で一人二役の芝居を始めることに。

「お滝さんは、あたしが本当に好きで来たのですか？　この長屋には独り者が大勢いますよ。鍛治屋の鉄つぁんはどうです？」

「イヤですよ。日に焼けすぎて、顔の裏表がはっきりしない人なんて」
「じゃあ、漉《す》き返《かえ》し屋の徳さんは？」
「あの人、ちり紙に目鼻みたいな顔でしょう？」
「吉兵衛とお滝が、長屋の独身男らをこっぴどくディスっていく」という架空のやりとりを湯船の中で演じたものだから、さあ大変。悪口を耳にした独身男らはタッグを組み、吉兵衛への報復を試みます。

相談の結果、「亡くなった不動坊の幽霊を吉兵衛の家に出して、お滝と別れるよう工作しよう」ということに。

天井から幽霊を吊り下ろす……という筋書きです。

え？「どんなオチなのか？」ですって？　それは実際にきいてみてくださいね。

さて、この噺で注目していただきたいのは、再婚話を持ちかけられる前の時期の、吉兵衛の「意中の人に対する考え方」です。

噺の粗筋だけ紹介するような書籍やネット上の記事では、なかなか触れられていない箇所なので、落語好きな方や、本業の落語家でないとご存じないと思いますが……。

噺の冒頭で、吉兵衛が大家に縁談を持ち込まれたとき、**「いや、あれはもともと、あっしのカミさんでして」**と返すのです。

困惑した大家が真意を尋ねると、吉兵衛はこう説明します。

「生前の不動坊と、お滝を初めて見たとき、『ああ、いい女だなぁ、あいつのカミさんなのか』と思うと、頭がおかしくなりそうだった。だから考え方を変えて『お滝っていうのは、本当は俺の女房なんだけれども、今忙しいんで不動坊の馬鹿に貸してやっているんだ』と思うようにしたのです」

つまり吉兵衛は、恋心に苦しまなくてもいいように、〝自分に都合よく〟発想を180度変えて、現実を捉えていたわけです。

他人の配偶者を「自分のもの」と夢想するなんて〝危ない人〟とも言えますが……。口に出さない限りは、誰も傷つけないわけですし、吉兵衛の心も安らかになるのなら、ひとつの処世術としては、それもアリなのかもしれません（少なくともストーカーになってしまうよりかは、マシでしょう）。

このように、**好きな人を自分の配偶者として認識してしまう「吉兵衛流ポジティブ思考法」**は、究極のプラス思考です。それは、**広く言えば「自分で自分をほめること」**とも解釈できるのではないでしょうか。

現代の私たちも、この吉兵衛の考え方を利用すると、より幸せになれるはずです。

何も難しいことはありません。**常に「大丈夫、大丈夫」「お前はよくやっている」と、自**

分を認めたりほめたりする言葉を、脳内で繰り返せばよいのです。

たとえ（上司などに）理不尽なことを言われても、すかさず「俺！　よく耐えた！」と我が身をほめて労われば〝テンションの無益なダダ下がり〟も防げます。

もちろん、落語の吉兵衛のように、「嫉妬対策」としても有効です。

豪邸に暮らす大金持ちをテレビ番組でたまたま見かけて、羨んでしまいそうになったら……。

「あの豪邸は、本当は俺の資産だけど、今忙しいのであの男に貸してやっているんだ」

二枚目の人気俳優を見て我が身との差に悲しくなったときは……。

「俺が色男だと、あいつの立場はなくなるもんな。俺は生まれてくるときに、『二枚目で行く』という路線をあいつに譲ってやったんだ」

「自分でも走れそうな短距離走」のレースで、世界記録を出した選手を見て、羨望の気持ちが湧いてきたときは……。

「俺の足が速かったら、あの選手の立場がなくなるもんな。俺は生まれてくるときに、自分の走る才能を、あいつに譲ってやったんだ」

いかがでしょう。もはや酔狂すぎて、嫉妬の念などどこかに吹っ飛んでしまうでしょう？

この域までくると笑うしかありません。

大いなる遺産・落語から学ぶ、「吉兵衛流ポジティブ思考法」、ぜひお試しを（笑）。

ひとりでも笑う

⇩「人体の誤作動」でいい気分になれるのであれば最高

また馬鹿馬鹿しぃと申しますか、非常に落語らしい噺「胡椒《こしょう》の悔やみ」をご紹介したいと思います。この噺、主人公のキャラクター設定が独特なのです。「何を見てもおかしくて、笑ってしまう幸せな男」という設定です。

普通の状況であれば何も困りはしないのですが、知り合いの娘さんが亡くなってしまったところから、主人公の悲劇（喜劇）が始まります。

「年齢を重ねても腐らない奴があるのに、あんな10代の小娘が死んじまって生意気だ」不思議な理屈で、男は笑いが止まらなくなってしまいます。

しかし、お葬式には参列せねばなりません。「悲しくなくても涙のひとつくらい流さなくちゃなんねえ」という兄貴分のアドバイスで、「笑い止め」として胡椒の粉を持参することにしたこの男。

「お嬢様がおかくれになり、さぞお力落としでございましょう」という悔やみの言葉の稽古までつけてもらい、式場に出かけます。

しかし粗忽者ゆえ、式場では胡椒の粉をいっぺんに口に放り込み、舌に火がついたかのようになってしまいます。亡くなった娘の母親にもらった水を飲みほしたあと、「あー、いい気分だ」。

胡椒での「笑い止め作戦」も、悔やみの言葉の練習も、すべておじゃんになったという噺です。

いかがでしょう、粗筋を読むだけでもハラハラしませんか？　そして最後は（展開が読めるとはいえ）笑えましたよね。

稀代の落語家・桂枝雀《かつらしじゃく》師匠は「笑い」の基本的な概念を**「緊張の緩和」**と定義しました。芸能の世界ではよく知られた理論です。

この言葉をわかりやすく意訳すると**「緊張が続いたあと、いい間で緩和を入れると客席がどかんと湧く」**という意味です。そもそも大前提として「人間は、緊張から解き放たれて緩和したときに快感を得る」という大原則があるからです。

これは反対の例を考えると、よくわかります。

たとえば最初から最後まで、笑いながら面白いことを言っていても、面白いどころか白けてしまうわけです。それは「緩和」の比率が高すぎるから。

落語家のような演者の目線で言うと、お客さんに「緩和」を楽しんでもらおうとすれば、それを活かすための前段階として「緊張」は必須なのです。


「胡椒の悔やみ」は、この原則にきれいに当てはまる噺のひとつ。

実際にきいていただくとおわかりになると思いますが、胡椒を携えて葬式の式場に向かうまで、また遺族と話をするところまで、この男に感情移入し、手に汗握る展開です。つまりきく側が「緊張」させられるわけです。そして、オチで思いっきり弛緩する……。

噺の構造が単純である分、最後に引き起こされる笑いも大きくなる気がします。


さて「緊張と緩和」という言葉を見て、何か思い出されることはありませんか？

そうです、「体の疲労」のメカニズムです。

体中のコリや痛みは、長時間同じ姿勢をとり続けることや、負荷をかけすぎることで引き起こされます。筋肉が緊張を強いられるからです。だから収縮してしまった分、ストレッチなどを行って、ほぐしていく必要があります。

「心の疲労」も同じこと。外部からの刺激や、自分自身の負の感情によって、無意識のうちに凝り固まってしまいがち。だから〝心のストレッチ〟を行い、ゆるめておくことが重要になります。

「いったいどうすれば、心をゆるめることができるのか？」

そんなお声も聞こえてきそうですが……。落語家として言わせてもらえば「笑うこと」がいちばん。仲間と笑い合う時間も貴重ですが、「ひとりで笑う時間」も実は重要です。だって自宅で過ごす時間って、非常に長いものですから。

我田引水に聞こえるかもしれませんが、落語をひとりで視聴するというのは、究極の〝心のストレッチ〟になりますよ。

アメリカの哲学者で心理学者ウィリアム・ジェームズも次のように教えてくれています。

「楽しいから笑うのではない。笑うから楽しいのだ」

これは実際、脳科学の世界でも定説になっているようです。

人の行動と、脳の働きは深く関わっていて、**顔の筋肉を笑顔にすると、その信号が脳に送られ、脳は「楽しい」「愉快だ」「幸せだ」と感じるようにできている**そうです。

よくよく考えると、それら一連の動きは「人体の誤作動」と呼べなくもないでしょうが……。そんな簡単なことでいい気分になれるのならば、最高ではありませんか。誰も傷つかないわけですしね。

ひとりの時間ってのは、思ってる以上に貴重なんだよ。
たくさんほめてやるのも、泣いてなぐさめてやるのも、
大声で笑うのも、ずっとにやにやしているのも自由！
最後は全部忘れちまってもいい。こんな贅沢はないよな。

第5章

粗忽者に学ぶ「生き方の哲学」

よいことも悪いことも すべては「縁」であることを忘れない

「ぼんやりしたところのある与太郎が、長屋の仲間たちに応援され、更生する」そんな素敵な噺があります。「孝行糖《こうこうとう》」です。

今風に解釈すると「チームで開発した新商品がたまさかヒットする」というサクセストーリーですが、鼻につくところがまったくない。むしろ「ご縁に恵まれてよかったねぇ」と登場人物をねぎらいたくなる〝美談〟なのです。

頭の中が薄暮状態の与太郎ですが、「孝行の徳」で奉行所から褒美の5貫文を授けられます。それを知った大家は、長屋中と相談をして、与太郎に「それを元手に商売をすればいい」とアドバイス。

飴の名前は、与太郎の美徳である「孝行」をとって「孝行糖」。当時流行していた飴屋の身なりや売り方を真似させ、「飴売り」として小商いを始めさせます。

噂はたちまち広がり、与太郎の飴は大評判。荒天の日も、与太郎は「スケテンテン、コ～コ～ト～（孝行糖）！」と流し歩きます。

ところが、ある日水戸様の屋敷前を通りかかったとき。規制が厳しいことも知らず、大声で口上を述べて売り歩いていたため、門番に六尺棒でメッタ打ちにされてしまいます。

通りがかりの人に助けられた与太郎、「どこをぶたれた」と尋ねられ「ココォとォ～（こと／孝行糖）、ココォとォ～」。


洒落で終わる「地口オチ」の軽妙な噺ではありますが、実は深いメッセージが込められているように思えてなりません。それは**「ご縁」の大切さ**です。

「多額の報奨金をもらっても、与太郎のことだから、あっという間に使い果たすんじゃないか？」

「俺たちも一緒になって、与太郎の将来を考えてやらなきゃ」

自発的にそう思って、無私の心で行動してくれる仲間がいるなんて。現代に置き換えてみても、「与太郎は素晴らしいご縁に恵まれていた」としか思えません。

さらに彼は飴を売り歩く先々でも、お客さんに恵まれます。

もちろん「衣装や口上などの売り方が時流に合っており、耳目を集めることができた」

という見方はできます。つまり「仲間たちのマーケティング戦略が秀逸だった」という側面は否めません。

とはいえ、商いなどの客商売にやはり「ご縁」はつきもの。与太郎は、ご縁に恵まれていたと言えます。

ではいったいどうすれば、与太郎のような「ご縁」に恵まれるようになるのでしょうか。いろんな考え方があるでしょうが、**どんなときも「『起こったこと』を受け入れるという態度」が大事**な気がします。さらに言うと**「自分の力では御しきれない大きな力を信じて、今できることに尽力する」**というイメージです。

現代に置き換えて考えてみましょう。

たとえば、あなたが仕事の面で不遇さを感じていたとします。

「転職してしまおうか」という思いが、脳裏をかすめたとき。

「この会社に入ったことも、もしかするとひとつの〝縁〟かもしれないよなぁ」

そう捉えると、もう少し踏みとどまれる気がしませんか？

「自分がそこで働いていることにも、何かしらの大きな意味があるはずだから、もう少し頑張ってみようか」

「今の会社は最悪だけれど、ここで最低なことを経験しておくと、あとで大きな糧になってくれるんじゃないか」

そんな風に、見方をがらりと変えられるかもしれません（もちろん、体調面での事情やハラスメント関連の問題があったりする場合は、すみやかに行動に移してくださいね）。

もしかすると、与太郎だって「飴売り」になるなんて、最初は気乗りがしなかったかもしれません。

「でも仲間たちが必死に動いてくれているし、これもご縁だからやってみようかなぁ」

推論になりますが、彼は心の中でそんな問答を重ねていたかもしれません。

しんどくなったとき、何かから逃げ出したいとき、「なぜ自分だけ？」と嘆きたいとき。

ぜひ「ご縁」という言葉を思い出してください。

「縁」とは、あるがままの自分を肯定したくなる概念ですから。

よく似た言葉として「運」を思い出される人もいるかもしれません。しかし**「運」とはより偶発性が高いもの**のように思えませんか？　また「運をつかみ損ねるリスク」もありそうですよねぇ。

それに比べて**「縁」とは最初から規定されているもの**。だから、**「やるべきことに励んでいれば、やがてよいご縁が巡ってくる」**。「孝行糖」を通して、与太郎はそう教えてくれているように感じるのです。

思っていることが伝わる「間《ま》」という魔法

落語に欠かせないのが、時間の「間」です。

はっきりとした言葉で説明するのではなく、**沈黙の瞬間である「間」を利用すれば、言いにくいことも、相手の心に届かせることができます**。しかも効果的に、印象的に、です。

「とはいえ、『間』ってどんなものなの?」

「落語家でもないのに、素人に『間』なんてうまくつくれないよ」

こんなお声も聞こえてきそうですね。

まずは一席、ご紹介させてください。「間」のとり方が出来を左右する……といっても過言ではない噺「短命」(別名「長命」)です。

大店の伊勢屋に養子に入った旦那が、立て続けに1年ももたずに亡くなります。

今の旦那が、既に３人目の死人となります。

不思議に思った八五郎が、ご隠居にその理由を尋ねると、こんな答えが返ってきます。

「夫婦仲がよくって、家にずっと二人きり、食事のときも差し向かい。原因はそれだろう」

しかし鈍い八五郎には、この言葉の意味がわかりません。

「おまえも血の巡りが悪いなぁ。あのなぁ、店は番頭に任せて、財産もある。２人で朝から退屈して、うまいものを食って、暇がある……ってぇのは短命のもとだ」

なおも首をかしげる八五郎に、ご隠居は説明を続けます。

「早い話、冬なんぞはこたつに入るだろう？　そのうちに手がこう触れ合う。白魚を５本並べたような、透き通るようなおかみさんの手があってだな……」

ご隠居に３度も同じフレーズを繰り返されたあと、八五郎はようやく真意を悟ります。


このシーンが、「短命」の最大の見せ場です。

もちろん、落語家によってさまざまなバージョンが存在します。

ご隠居の「理由は、寝すぎだな」という台詞から、やりとりが続くものもあります。

「そうかぁ、寝すぎだと体がなまるわなぁ」

「いや、その『寝る』とは違う。お前、わからんかなぁ……。『何よりも、そばが毒だと医者が言い』っていう川柳もあるだろう？」

つまり今風に言うと、この「すべてを語らない」というテクニックは**「匂わせ」**ですね。無論、説明が多くなればなるほど、バレバレになってしまうわけで、どんどん野暮になってしまいます。ですからお客さんには、なるべく早い段階で察して笑っていただきたいのです。そこで「間」を見計らいながら、どこまで言うかのさじ加減をするのが、落語家の仕事であるわけです。不思議なことに、お客さんの側も、絶妙な間があることで「わかろう」という思いが高まるものなのです。

この噺は談志もお気に入りだったようで、よく高座にかけていました。談志の「間」のとり方は、それはもう絶妙で、格別でした。

誤解なきよう強調しておきますが、「間」とは単なる〝沈黙〟ではありません。**相手の表情を見ながら、その心を読みながら行う〝非言語のコミュニケーション〟のひとつ**です。談志の「間」は、**聴き手の想像力をかきたてるという意味で言えば、むしろ〝雄弁〟な**ものでした。つまり落語家にとっての「間」とは、キャリアの差が歴然と露呈してしまう怖いものなのです。

とはいえ、談志のすごさを引き合いに出して、皆さんを脅したいわけでは決してありません。ほんの少し了見を変えていただければ、誰でも「間」を手なずけ、使いこなすことは可能です。

しゃべりのプロのはしくれとして、僭越ながら言わせていただくと……。

たいていの方が「間」を意識していません。そもそも「①話のペースが全体的に速い」こともあり、そこに「②間を差し挟む余裕がない」。そんな印象を受けます。

「①話のペースが全体的に速い」のは、自分自身や話の内容に自信がなかったり、相手との信頼関係を十分に構築できていなかったりするから。

そして**「②間を差し挟む余裕がない」のは、「間」の重要性を認識していないから。**

「一瞬黙る」「間をためる」。これほど相手の注意を引き付けたり、自分に関心を持たせたりするテクニックはありません。だからこそ「間」を制する者は会話の主導権を握ることができるのです。

たとえば、大きな会場で講演をさせていただくときなど、私はこの手法をよく使います。静かにこちらを注目してほしい瞬間。面白い話題で注目を集めようとするよりも「壇上で、じっと黙る」ほうが、効果覿面なのです。

もちろん、自己紹介の場面や、一対一で大事な話をするときにもこの手法は有効です。**「先を言わずとも、相手にわからせる」というのが、「間」の持つ力**なのですから。

「鈍感さ」があればたいていのことは気にならなくなる

どんな組織にも「機を見るに敏な人」「目から鼻へ抜けるような人」は存在するものです。察しがよくて、抜け目がなくて、何でも先回りして手を打っている。ひとことで言うと「鋭い」というイメージでしょうか。

このような「鋭い人」は、仕事の現場で重宝されるかもしれません。

もしかしてあなたは、そんな人になりたいと悩んではいませんか？

確かに多くの人が、鋭さ、利発さを是としている風潮は、私も承知しています。

でも、**みんながみんな、そんな「鋭い人」を目指さなくてもよい**でしょう。だって、ギスギスしそうじゃありませんか（笑）。

むしろ、作家の渡辺淳一さんが提唱されたような「鈍感力」がより評価されるおおらかな世の中になればと思えてなりません。

ここでは落語流の「鈍感力」についてお話ししていきます。

落語の世界で鈍い奴、と言えば、相場はもう決まっています。「権助」というキャラクターです。もともとこの名前は、個人の名前というより「飯炊き係」「使用人」などを示す職業名として使われていたようです。**糞真面目で気が利かない、朴訥で辛抱強い**など、**鈍感力の塊のような男**だと思ってください。

そんな人物が、一波乱を起こすという落語のジャンルがあり、それらは「権助噺《ごんすけばなし》」と呼ばれています。なかでも秀逸なのは「権助魚《ごんすけざかな》」でしょう。

ある商家のおかみさんが、旦那の妾の存在に勘づき、飯炊きの権助に1円の駄賃を渡して「妾の家を突き止めてくるように」と頼みます。そして嫌がる旦那に、権助をお供につけさせます。旦那はおかみさんの企みを見抜き、権助をより高額な2円で買収。寝返った権助に、考え抜いたアリバイを伝え、おかみさんに伝えるように言いつけます。

「両国橋のたもとで丸安さんにバッタリ出会い、ちょうどいいと柳橋の料理屋の2階で話をして、芸者や幇間（太鼓持ち）を呼んで遊び、天気がいいので隅田川で網打ちを楽しんだ。そのあと皆さんで湯河原に向かったので、旦那様のお帰りは明日の昼時分になります」

さらに、「隅田川で網打ちで釣った」という設定の通り、魚屋で「網捕り魚」を買っていくよう言います。

とはいえ、権助さんのことですから、旦那の想定通りにスムーズに事が運ぶわけがありません。魚を買うときに「隅田川の網捕り魚をくれ」と伝えるものの、「ここにあるのはみな網で捕れた魚だ」という魚屋の言葉を鵜呑みにし、とんでもない〝釣果〟ばかり選んでしまいます。

北の海で捕れるようなニシン、スケソウダラ、そしてメザシ、加工品のカマボコ、果てはサメ……。帰ってきた権助からこれらを差し出されたおかみさんは、「権助まで私を馬鹿にして」と泣きじゃくります。

つまり、おかみさんからしてみれば、浮気調査を頼んだのに失敗され、あまつさえ夫側に寝返られ、下手な嘘で権助から騙そうとされるわけですから、悔し涙に暮れる気持ちもわかりますよね。

ことほど鈍感な権助ですが、私たちに教えてくれていることがひとつあります。

「鈍感なほうが、信頼されやすいこともある」という真理です。

この噺の中では結果的に不首尾に終わりましたが、「おかみさんから1円をもらって旦那の同行を言いつけられる」というのは、そもそも信頼されている証拠です。

鈍くてバカ正直で糞真面目で空気が読めないからこそ、普段はおかみさんに重宝がられ、かわいがられてもいるわけです。

逆説的に聞こえるでしょうが、鈍感さとは信頼を勝ち取る要素なのです。

もちろん鋭い人も、組織内では重宝されます。しかし**「うまく使われるだけ」**で、信頼されたり、深い絆で結ばれたりはしにくい印象があります。

さらに言うと、鈍感な人は、組織において「潤滑油」的な能力を発揮することがあります。鈍感な人は、鈍感であるがゆえに、「言ってはいけないこと」を口にしてしまったり、反対に「言うべきこと」を言えなかったりするわけですが……。その結果、極端に傾きすぎた全体の空気が中和され、正常化が促されやすくなるのです。

もっとも、その結果、周囲が振り回されたりすることは多少あるかもしれません。でも、それは大したダメージではないはずです。

何より、「鈍感な人」本人は、その鈍感さゆえ、ストレスとはほぼ無縁。気を病むことはあまりないでしょう。その証拠に、いろんな噺に登場する権助ですが、どの噺でも、元気にのびのびと、マイペースに振る舞っています。

このように「鈍感さ」とは、ストレスフルな現代においても、最高の特質なのです。

失敗が怖くなくなる「開き直り」のしたたかさ

日々の努力や積み重ねは大事です。でもそれだけでは、処理できないこともあります。たとえば、「試験」を思い浮かべてみてください。

それまでにどれだけ勉強をしていて、模擬テストでよい成績がとれていても、なぜか不合格に終わることも珍しくありません。反対に、本番で潜在的な力を発揮できたのか「首尾よく合格した」というケースも起こり得ます。このように、一寸先のことさえわからないのが、人生の醍醐味なのでしょう。

無論、努力や頑張りを否定したいわけではありません。より心地よく生きていくうえで、努力や頑張りと同時に必要なもの。それは、**「どんとこい」と最終的に開き直る姿勢**ではないでしょうか。

不安がスーッと消えて、失敗が怖くなくなり、いい意味で開き直りたくなる。そんな「蒟蒻問答《こんにゃくもんどう》」という噺をご紹介します。住職のいない寺のため住職に扮している蒟蒻屋の主（インチキ和尚）が〝寺破り〟をしている旅僧に禅問答を仕掛けられるという筋書きです。

インチキ和尚は、もともと蒟蒻屋の主ですから、修行の経験などまったくありません。しかし「勝ち負け」にとらわれず、無欲に対峙したことで、修行僧をギャフンと言わせてしまうのです。実際、どんな問答が繰り広げられたのか、ご紹介しましょう。

寺に、修行僧が突然現れ、インチキ和尚に問いを投げかけます。しかしインチキ和尚は、（答えがわからないため）何を訊かれても答えようとしません。

すると修行僧は「彼は無言の行の最中なのだろう」と勝手に誤解して、質問を変えます。両手の親指と人さし指で、胸の前で輪をつくり「ふん」と突き出します（＝「大僧正のご胸中は？」と問いかけたつもり）。するとインチキ和尚は、頭上に両腕で大きな輪をつくり「ハァーッ」と答えます（＝修行僧は「大海のごとし」と答えられたと誤解します）。

修行僧は敬服し、「ハァーッ」と平伏し、すべての指を立て、手の平を前へと突き出します（＝「十方《じっぽう》世界は？」と問いかけたつもり）。即座に、インチキ和尚は5本の指を前に突き出します（＝修行僧は「五戒《ごかい》で保て」と答えられたと誤解します）。

最後に、修行僧が3本の指を立てて突き出します（＝「三尊《さんぞん》の弥陀《みだ》は？」と問いかけたつもり)。顔色を変えたインチキ和尚は、「アカンベー」の仕草を返します(=修行僧は「目の下を見よ」と答えられたと誤解します)。

つまり修行僧はインチキ和尚に「すべて論破された」と思い込んでしまうのです。

種明かしをしておくと、インチキ和尚のほうも、修行僧のジェスチャーをすべて勘違いして、答えていました。

「自分が蒟蒻屋の主だと見抜いたうえで、『お前の店の蒟蒻の大きさなんてこんなものだろう』とケチをつけてきたから(=両手の親指と人さし指で、胸の前で輪をつくり「ふん」と突き出す仕草)、『こんなに大きいぞ』と返した(=頭上に両腕で大きな輪をつくる仕草)。『10丁でいくらだ?』と訊いてくるから(=すべての指を立て、手の平を前へと突き出す仕草)、少し高いとは思ったが『500文だ』と答えた(=5本の指を前に突き出す仕草)。すると『300文に負けろ』と値切ってくるから(=3本の指を立てて突き出す仕草)、アカンベーの仕草をした」

このように、「蒟蒻問答」とは身振りをまじえて進行する仕方噺《しかたばなし》です。高座にかけると、お客さんはとても納得をしてくれますし、緊張も一気にほぐれる、完成度が非常に高い演目です。談志は「完成されすぎていて、手の加えようがない」とよく嘆いていたものです。

天才・談志からしてみれば**「付加価値を施せる不完全な部分」**こそ、**落語の魅力のひとつ**だったのかもしれません。

とまれ私たちは、このインチキ和尚の姿勢から「開き直り」の強さを学べるのではないでしょうか。

ほかにも「開き直り」が奏功したと思われる事例は数多くあります。

たとえば田中角栄元首相が、それまで難しいとされてきた日中国交回復に成功したのは、「過去の歴史を勉強しなかったから」と説く専門家がいます。つまり**生半可な知識がなかったために、腹を括《くく》って開き直り、成功できた**という見方です（無論仮説ではありますが）。

「電車男」というネット掲示板発の人気テレビドラマも然りです。**「開き直りのおかげで"高嶺の花"の相手を射止めることができた」**と読み解けるでしょう。

落語で言うと「紺屋高尾《こうやたかお》」という噺も、そのパターンに当てはまります。

このような**「ジャイアントキリング」（番狂わせ）を、私たち人間は心のどこかで求め続けている**のかもしれませんね。

とまれ「失敗することばかり考えて前に進めない」という方は、インチキ和尚と修行僧の攻防をきいて、カタルシスを得ていただければと思います。

「バカ正直」は本来の自分を守るバリア

前述の「井戸の茶碗」には、浪人の千代田朴斎や、くず屋の清兵衛など、〃バカ正直〃な男たちが出てきました（22ページ）。

「動物園」（別名「虎の見世物」「ライオンの見世物」など）という噺にも、負けず劣らずの〃バカ正直〃な男が登場します。ひとことで言うと、**ひどい状況に陥ったにもかかわらず、そこで夢中になって努力し続けてしまう、愛すべき〃粗忽者〃**です。

あるところに、どんな勤めも続かない男がいました。「昼食・昼寝付きで1日1万円の楽な仕事」があると紹介され、動物園を訪れます。すると「あなた、虎のご経験は？」と訊かれ、ないと答えるとその場で虎の皮を着せられ、虎の演じ方を教え込まれます。

「両手の平と両ひざを地面につけて、頭と足を反対に動かすと、虎の感じが出まんねん」

男はちょっとした〝研修〟を経て展示用の檻の中に突然放り込まれます。開園と同時にお客たちが押し寄せ、男はバレないように気を遣いながら、精一杯虎らしく振る舞います。しかし実際は不安でいっぱい。おまけにお腹が空いてきて、檻の前でパンをかじっている子に「そのパンをちょっとくれ」と手を差し出したりして、仮装がバレそうになってしまいます。さらに追い打ちをかけるように園内アナウンスが流れ、「虎とライオンのショー」が始まります。

「ただ今から虎とライオンの一騎打ちをご覧ください。食うか食われるかの闘いです」

「そんなあほな、聞いてへんぞ」

うろたえる男の檻に、貫禄たっぷりのライオンが、のっしのっしと入ってきます。

「寄るな寄るな、あっちへ行け！　もはやこれまでか。ナンマンダブ、ナンマンダブ……」

隅で震えていると、ライオンが近づいてきて男に耳打ちをします。

「心配すな、わしも５千円で雇われた」

いかがでしょう、この噺をきき終わると「バカ正直がいるところには、バカ正直が現れるものだなあ。類は友を呼ぶなあ」と感慨深い気持ちになりませんか。主人公と同じく、お金で雇われ、バカ正直に動物を演じている奴がいたのです。

賢明な方なら、このようなオチを早い段階で察していたかもしれませんね。

もちろん「動物に扮する」というのも立派な仕事ですから、それを笑いたいわけではありません。でも、いくら金銭授受の関係があるとはいえ、男（雇われる側）も、その仕事内容について「変だ」と気づけば、断れなかったのかとツッコみたくなります。

それに「ほかの猛獣の中にも人が入っている」という状況を知らされず、命の危険に震えるというのも、お気の毒すぎる話です（そもそも雇う側が事前の説明責任を果たしておらず、ひどすぎる話ですよね……）。

さて、ここで注目したいのは、この男の〝バカ正直さ〟です。

「バカ正直」とは、「正直」を通り越した状態を形容した言葉だと私は捉えています。平たく言うと**「正直」の絶対値が極端に大きい**、というイメージです。

「言われたことを真に受けるような馬鹿さ」、よく言うと**「素直さ」が増幅しているような状態**です。つまり**「計算が働かなそう」「打算がなさそう」「裏表もなさそう」**。そんなピュアな印象を相手に与えられるようなお人です。

それは非常に大きなメリットですよね。だって、「計算ずくで動いている人」「打算的な人」「裏表のある人」とおつきあいしたいとは、誰も思いませんもの。だから**「バカ正直さは身を守る」**と言えるのではないでしょうか。

そもそも「バカ正直さ」は誰も傷つけず、周りを明るくしてくれるもの。組織では絶対に貴重な人材だし、問われる資質です。誇るべき資質です。

いったいなぜ、そこまでバカ正直さを擁護するのかというと、実は私も「バカ正直」だからです。**この言葉には「融通の利かなさ」「不器用」というイメージも付きまといます。**談志に提示された課題をその言葉通りに受け止め、バカ正直に必死にこなしたところ、結果的に〝二つ目〟になるまでに9年半かかってしまいました。でも、それでもいいんです。**バカ正直な人は、いったん思い込むと、目的の遂行に夢中になります。**動物園の男もそうでしたよね。すると、**サボったり、疑ったりせず、真剣に頑張るため、努力の絶対値が半端なく大きくなります。**もちろん、その頑張る方向が誤っていたり、ズレていたりする可能性は否めません。でもいいんです、走りながら微調整すればよいのですから。

昨今、スマートで器用な方が増えて、泥臭く見える人がめっきり減りました。「かっこよく生きようとする人」ばかりが増え、「バカ正直な人」は絶滅しかけているように思えてなりません。そんな今こそ「バカ正直な粗忽者」の復権を唱えたいと思います。

もちろん、「スマートでかっこよく生きようとする人」もいていいんですよ。でも**「バカ正直さ」が強みになって信頼されたり、途方もない結果をたたき出したりするタイプの人も、確実に存在します。**それを忘れないでくださいね。

「人のせい」を上手に使いこなすと抱える荷物が減る

組織に属していたり、集団で行動していたりする場合、自分の責任ではないけれど、最悪な事態に巻き込まれた、ということは起こり得ます。そんなとき、自分を責めたり、後悔を引きずったりしていても何にもなりません。

「理不尽な目に遭ったのは人のせい」「恥をかいたのは、周囲のせい」と割り切って、負の感情をひとりで背負いこまないようにしたいものです。

特に仕事の場合、**自分ひとりで完結する業務など、そうそうありません。**なぜなら、**どんな仕事にもチームプレー的な側面は付きまとう**ものだからです。

また、「自分が任されたパーツを完全に仕上げた！」と満足していても、次の工程の担当者がミスをすれば、製品の質が落ちたり、完成時期が遅れたりすることだって珍しいことではありませんよね。そんなとき、よほどの事情がない限り、自分を責める必要はありません。なんでもかんでも、連帯責任が問われるわけではないですから。

「いやいや、俺はどんなときでも自分の行動には責任をもつよ」ですって？

では「本膳《ほんぜん》」という噺をきいてみてください。実際こんな状況に置かれたら、誰でも不可抗力で恥をかくしかなく、責任の所在なんてどうでもよくなりますから……。

ある庄屋の倅の婚礼に、村の連中が招かれ、本膳料理（武家による客をもてなすための料理）が振る舞われることになります。しかし、その料理を食べる際の礼儀作法について、知る者はひとりもいません。

困った村人たちが、手習いの師匠に教えを乞うたところ「当日は、何でも拙者のする通りに真似なさい」と言われ、安堵します。

そして、婚礼の当日。集まった村人たちは、打ち合わせ通り師匠の一挙手一投足を真似て本膳料理を食べ始めます。すると運悪く師匠が箸をすべらせ、里芋をお膳の上に転がしてしまいます。箸でそれを突くこともかなわず、里芋は畳の上にコロコロと転がります。

それを見ていた村人たちは、バカ正直にその一連の仕草を真似始める……というなんとも皮肉な噺です。

いかがでしょう。もしあなたがその場にいたとしたら、ほかの参列者と同じように、里芋をわざわざお膳の上に落とし、畳の上にコロコロと転がし、それを追いかけ回していたことでしょう。このような場では強烈な同調圧力が働きますから、自分だけみんなと異なる行動をするなんて、至難の業であるはずです。だからといって、そんな失態を「自分のせい」と捉える人は、なかなかいませんよね。

この「本膳」という噺は非常に示唆的なメッセージを、私たちに伝えてくれているような気がします。私たちは、なんでもかんでも自分のせいにしなくてよいのです。たとえば、もし自分が恥ずかしいことをしてしまっても。ちょっと叱られてしまっても。不可抗力でそうなった、という側面は多分にあるはずです。

卑近な例で言うと、組織内の指示系統が乱れて、そのとばっちりで叱責される。そんな経験ってありませんか。一例を挙げてみましょう。

あなたがA先輩の指示通りに業務を遂行していたとしましょう。そこに突然B部長がやってきて「そのやり方ではだめだ」と叱られたとします。あなたも、A先輩のやり方に違和感はあったものの、立場上従うしかなかった……。

そんなとき、「B部長に叱られてしまった」と思い詰めることはありませんよね。だってA先輩の指示を守ることが、そのときのあなたの本分だったわけですから。

組織とは、そういうものなのです。「己を強く責めても、誰も得しない」と認識して、自分自身を大事にすることです。

話を「本膳」に戻しましょう。

この手習いの師匠が、あとで村人たちから責められたり、なじられたりしたという事態には展開しませんでした。でも、もし現代で似たようなことが起こったら。
「雇われたマナー講師が本番でしくじったため、あとからクレームが殺到し、慰謝料を請求され、SNS上でも大炎上した」

そんな激しい反応が予想されますよね。現代が、とりもなおさず**「責任」の所在をはっきりさせすぎる時代**になったからでしょう。想像するだけでも、ギスギスします。

社会的な問題についてならともかく、個人レベルで責任の所在をはっきりさせすぎるのは考えものと思えてなりません。もっとアバウトでいいのではないでしょうか。

「誰かを責めすぎない（攻撃しない）」
「自分のことも、もちろん責めすぎない」

そんな生き方を目指していきませんか。きっと、周りにうまく甘えることも上手になって、より温かい人間関係を築いていけるはずですから。

「自分相応」でいることが個性である

「付《つ》き馬《うま》」という噺があります。「付き馬」とは遊郭で無銭飲食をしたり、料金を支払えなかったりした客の家に同行して勘定を取り立てる店員、もしくはその行為のことです。

この「付き馬」を要約すると、遊郭で遊んだ男が、付き馬の若い衆を見事に騙し、料金を踏み倒すという噺です。その騙し方がなんとも鮮やかで、「最初から計画的だったのではないか」と思わせるほどなのです。彼の手口を明かしておきましょう。

男は遊郭からの帰り道、棺桶屋に立ち寄ります。そのとき、彼は付き馬の若い衆にも、棺桶屋にも嘘をつきます。

若い衆には、棺桶屋のことを**「俺のおじだ」**と偽り、**「おじから金を借りて、お前さんに支払う」**とふかします。

一方、棺桶屋には、若い衆のことを**「昨日、兄を亡くしたばかりで気が動転している」**

と嘘をつきます。そして特大の棺桶を特注でつくらせると、一瞬の隙をついてうまくトンズラしてしまうのです。

もちろん残された初対面の2人は、まったく話が噛み合いません。若い衆は、棺桶屋から料金を払ってもらえると思っていたのに、棺桶代を請求され、驚くという粗筋です。

「でも、そんなにうまく大人を騙せるものか？」と不思議に思いますよね。

そこが男のすごいところなのですが、彼は棺桶屋のことを何度も「おじさん」と呼んでみせ、もっともらしく見せるのです。

まず棺桶屋さんが見えてくると「あれがおじさんの家だ」と言い、その後何度も「おじさん」と繰り返します。

「おじさんと話をつけてくるから、ここで待っていてほしい」

「おじさん！　お願いがあります」

現代でも、こんな詐欺師がいそうですよね。

もちろん付き馬の若い衆も黙ってはいません。「あの男とは初めて会った仲だ」という棺桶屋をなじります。

「彼はあなたの甥っ子なんでしょう？　だってあなた、おじさんって呼ばれたときに返事をしたじゃないですか」

すると棺桶屋はこう返します。

「だって俺、おじさんだもん」

どうですか？　間の抜け方がたまりませんよね（笑）。

確かに、棺桶屋の言う通りで、彼は〝逃げた男〟の「叔父さん」ではないのですが、世間一般でいうところの中年男「おじさん」ではあるわけです。私は「分相応」という言葉を聞くと、棺桶屋のこの台詞を思い出します。この棺桶屋のように、飾ったり、背伸びをしたりしない「自分相応」でいることが、人として理想なのではないでしょうか。

なぜこんなお話をするのかといいますと、近年「個性」が過大評価される傾向があるせいか、「俺には個性がない」というお悩みをしばしばいただくようになったからです。**「個性とは、いつか人様が決めてくださるもの。だから目の前のことに尽力されてはどうですか」**とお答えしています。だって、「俺はモテる」と自称している人が、本当にモテているのを見たことがありませんもの。

談志は、修業中の落語家について**「個性は迷惑」**とよく言っていました。

「落語家は、プロになるための共通体験が多いから、個性云々なんて気にせず、まずはプロとしての最低限の事柄を体得してからものを言いなさい」という意味だったようです。

超訳するとさしずめ**「長年の積み重ねからにじみ出たものが個性」**ということになるでしょう。

私はこの教えは、落語家に限らず、どなた様にでも当てはまる気がしています。

ですから**「個性的になろう」「個性を大事にしよう」というよく聞くフレーズに、とらわれなくてもよい**のではないでしょうか。

「今の自分には個性がない」と感じる人は、それでいいんです。焦って、何かを自称したり、キャラクター設定をしようとしたり、何者かを目指そうとする必要はありません。

「自分相応であること」が、「個性探し」よりも大事なのではないでしょうか。

「個性は迷惑」という言葉について考え続けていたところ、最近別の解釈も思い浮かんできました。

「個性というふざけた言葉に、大きな可能性を持つ己自身を、矮小化させるな」

そんな戒めも読み取れるような気がします。

さて、あなたはどう感じますか。

「粗忽者」として生きる

本書のトリは、「粗忽の釘」でございます。題名に〝粗忽〟とつくくらいですから、粗忽者の中の粗忽者と言える男が登場します。しかし、この男に名前はありません。この無名性こそ落語の大きな特徴なのですが、おかげで「自分の中にも彼と似た要素はある」と、粗忽な男と自己を同一視することが容易になっています。

噺は、引っ越し中の夫婦の場面から始まります。

引っ越し先の長屋で「壁に新しく釘を打って」とおかみさんに頼まれた男が、極端に長い「瓦釘」を誤って打ち、その先っぽを隣の部屋に突き抜けさせてしまったため、謝りに行き、頓珍漢《とんちんかん》な会話を展開するという粗筋です。このように約100文字で説明がつく噺ではありますが、噺の随所に男の粗忽さが横溢していて、抱腹絶倒な演目なのです。

まずこの男、引っ越し当日に、新居へ向かって歩いている途中に、子どもたちが相撲をとって遊んでいるのを見て、「引っ越し中であること」をまるっと忘れてしまいます。日が暮れてからようやく引っ越しのことを思い出すのですが、肝心の新居の場所を忘れ、旧居へ舞い戻ることになります。

また、釘の先を突き抜けさせてしまった件でお隣さんに謝りに行った際は、用件をきれいに忘れ、出された煙草膳をゆったりと楽しみ、くつろいでしまいます。

さらには、気を許しすぎて、初対面であるにもかかわらず、自分たち夫婦の惚気話《のろけばなし》を披露します（この部分がまた、きいている側まで恥ずかしくなるような逸話のオンパレードなので、ぜひ実際におききくださいね）。

そして、仏像の真上の壁に飛び出した件の釘の先っぽを発見し、こともあろうに「お宅ではあんなところに箒《ほうき》をかけるんですか？」と不思議がってみせます。

彼がどれほどおっちょこちょいで、そそっかしく、間抜けであるか。粗忽であるか。よくおわかりいただけたことでしょう。要はこの男、少し前の情報すらすぐに忘れていくほど、**目の前のことに夢中になりすぎる**、と形容できるかもしれません。とはいえ、この噺には救いがあります。お隣さんが、「あなたみたいな人が来ると、この長屋も楽しくなりますな」と彼をさりげなくフォローしてくれているのです。

決して他人を排除しない。異質に見えるものも笑って許容する。「自分の部屋の壁に、釘を打ち込まれる」という大きな実害を受けているのに、これは大変な度量の広さです。こんなに優しくて柔軟な態度の背景には「人は誰でもしくじるものだから」「誰にでも粗忽さはあるんだから」という江戸特有の社会通念が横たわっているような気がします。

かように江戸とは、今とは比すべくもないほど「寛容な社会」だったのです。

一方現代の私たちは、紛れもない「不寛容な社会」に生きています。その象徴が、芸能人や著名人のスキャンダルに対する一般国民からのバッシングでしょう。

落語の世界と、現代を比較してみましょう。

現代は、確実に個人の〝名前〟が重んじられていますし、それぞれの〝個性〟も重要視されています。しかし、それには功罪の両面があるように感じられてなりません。

落語の世界は、個人に名前をつけず「粗忽者」「与太郎」「権助」などと抽象化することで「誰でもある」、つまり「個人」という枠組みを取っ払っているように感じます。

そこでは「〝人事〟は〝自分事〟」という思いが生まれやすくなっています。さらに言うと他人の喜びも痛みも、我がことのように感じられるのです。

たとえば「長屋三軒両隣」という言葉が指し示すように、**ご近所さんも含め、その長屋全体が常に連帯責任を問われるような運命共同体であり、ほぼ「自己」**と言えるようなものだったと推察されます。

しかし現代は違います。人は名前を名乗り、「個性」を問われるようになりましたが、一方で「有名」「無名」という線引きが生まれ、そこに分断が見られるようにもなりました。

今の世の中では「有名ではないこと」にコンプレックスを感じたり、「どうせ無名だから」と自分を卑下しすぎたり、まるで「有名な何か」であることが人生の到達点であるかのような風潮すら感じます。それは、非常に息苦しいものではないでしょうか。

とはいえ昨今、「有名」になればなったで大変です。SNSで仲間内でしか許されないような不用意な発信をすれば、思わぬ方面から批判や批評が噴出します。当然、リアルの世界でも言動には細心の注意を払わねばなりません。一瞬の不注意が社会的な死すら招くわけです。これは、ある意味不自由なことではないでしょうか。

もちろんそんな有名人を擁護する気はありません。ただ、たとえばお笑い芸人さんなど**〝品行方正さ〟とは正反対のキャラクターで売っているような方々にまで〝お行儀の良さ〟を求めてしまうのは、そもそもお門違い**であるような気がしてならないのです。

話を本筋に戻しましょう。人は、無理に「何者か」である必要はありません。「名を成す」「名を轟かす」「名を残す」……。これらの呪縛から解き放たれてよいはずです。芸能人の例を見るまでもなく、**「何者かであること」と「幸せ」がイコールとは限りません**から。

「粗忽者」はどうして失敗ばかりでドジで間抜けで
そそっかしくて……なのに周囲から愛されるのかって?
よくよく見渡してみりゃあそんな人間ばっかりだろう。
「立派な人間」なんて目指さなくていいんだよ。

第6章

気持ちがふっと楽になる落語⑩選

もともと落語とは、ストレスフルで過酷な環境で愛され続けてきた芸能です。その始祖については、豊臣秀吉の御伽衆《おとぎしゅう》・曽呂利新左衛門《そろりしんざえもん》とされています（諸説あり）。

ある日、愛でていた松の木が枯れたのを見た秀吉は、「俺の人生もこれまで」と思い詰めます。すると新左衛門は、次のように歌います。

「ご秘蔵の常盤の松は枯れにけり　千代の齢を君に譲りて」（この松が枯れたのは、千代にわたって生きるはずの自らの寿命を、秀吉公にお譲りしたからですよ）

おかげで秀吉は回復。**つまり「視座外し」こそ落語、落語家の真骨頂なのです。視座を外し、心を〝脱臼〟させることで、大衆を元気づけてきた**のでしょう。

ここでは10の噺をご紹介します。読んで笑っていただくもよし、寄席などライブでお楽しみいただくもよし。またお時間が許せば、YouTubeでご視聴ください。名人たちの本物の〝芸〟は、時空を超え、あなたの心を心地よく〝脱臼〟させてくれるはずです。

①町内の若い衆

熊が、建て増しの祝いに兄貴分の家を訪れたところ、本人は生憎留守《あいにく》。そこで、おかみさんをほめることに。

「こんな立派な建て増しをする兄貴は偉い」「**うちの人の働きだけではございません。言ってみれば、町内の若い衆さんが、寄ってたかってこさえてくれたようなものですから**」

奥ゆかしさに感心した熊が、おかみさんに報告をすると、悪態をつかれてしまいます。

「ふん、それくらい。私もそう言ってやるから、お前さんも建て増ししてみろ」

形勢不利になった熊は湯屋へ向かいます。そして、道すがら出会った辰に頼みます。

「俺が湯に行っているうちに俺んちに行って、俺のことを何かしらほめて、かかあがどんな受け答えをするか、聞いてくれ」

言われた通りに、熊の家を訪れる辰。しかし、ほめるものが見当たりません。おかみさんの腹がせり出しているのに気づいた辰は、さっそくほめにかかります。

「物価が高いのに赤ん坊をこさえるとは、熊の兄貴はさすがです」「**うちの人の働きだけではございません。町内の若い衆さんが、寄ってたかってこさえてくれたようなものですから**」

落語の中でも一、二を争う〝馬鹿馬鹿しさ〟〝くだらなさ〟を誇る噺（いい意味で）。「真面目に生きることに疲れた」という方にきいてほしい。気持ちが、ふっと楽になりますよね。

②金玉医者

旦那には、心の病で長く床に伏せている娘がいました。原因はわからず、今まで多くの医者が匙《さじ》を投げてきました。

あるとき、甘井《あまい》ようかんという医者が、娘を診ることになります。なんとも胡散臭い男で、その治療も至極怪しい。なんと、病人の部屋で「世の中は広大である」「愛こそがすべてである」など説法めいたことを説いているだけなのです。しかし、娘は次第に元気を取り戻していきます。

訝しく思った旦那が医者に真相を尋ねると、**「小難しい話をしながら、着物の裾をはだけさせ、娘が普段見慣れない金玉をチラチラ覗かせていた」**と答えます。つまり、その説教の文言の真面目さと、ブラブラ揺れる金玉の間抜けさのギャップがおかしくて、娘は笑い続け、その心がほぐれ、調子を取り戻しているらしいのです。

とはいえ、「金玉に治療代を払っていた」としか思えない旦那は激怒。金をケチり、医者のかわりに自分の金玉を娘に見せたところ、彼女は目を回し倒れてしまいました。

旦那は件の「金玉を見せていた医者」に泣きつきます。

「旦那は、どういう風に見せたんですか?」「丸ごとボロンと」「そりゃあ薬が効きすぎた」

文字にするとお下劣極まりない噺ですが、高座を見てもらえれば落語家がいかに工夫を凝らしているか、実感していただけるはず。**「あんまり小難しく考えなさんな」**という教えかも。

③疝気《せんき》の虫

ある医者が、奇妙な虫と話す夢を見ます。「自分は〝疝気の虫〟といい、人の腹の中で暴れ、苦しめるのが仕事だ。そばが大の好物で、食べないと力が出ない。苦手なものはトウガラシ。それに触れると体が腐ってしまうので、トウガラシを見ると別荘、つまり男の陰嚢に隠れるようにしている」

そこで、目を覚ます医者。すると、折よく「疝気」の患者から往診の依頼がきます。

ここぞとばかり、医者は夢の中で聞いた治療法を試します。まず、そばをあつらえさせ、亭主にその匂いをかがせながら、おかみさんに食べてもらうことに。

すると、疝気の虫はそばの匂いで、大喜び。亭主からおかみさんの体へと移り、腹の中で大暴れし始めます。すると今度は、おかみさんが苦しみでのたうちまわり始めます。

そこで、用意していたトウガラシをおかみさんになめさせると、虫はびっくり仰天。陰嚢に逃げ込もうと一目散に腹を下りますが、あるべきはずのものが見つかりません。

「別荘はどこだ？　別荘はどこだ？」

談志はよくこう指摘していました。**「なぜ医学は、病気と対話をしないのか。たとえばがんになったら、制圧しようとする前に、まずは向こうの言い分を聞くべきだろう」**。もし生きていたら、新型コロナウイルスと語り合うようなアレンジをしていたかもしれませんね。

④目薬

職人の熊は目を患い、仕事に出られず米を買う金も底をつき、おかみさんとさつま芋ばかり食べています。業を煮やしたおかみさんは、おばに金を借り、目薬を買ってきます。

2人は袋の能書きを読むのに、手間取ります。

「こ・の・く・す・り・は・み・み・か・き・い・つ・は・い……。あれ、この字は読めねえぞ。ひとつ抜かして、し・り・へ・つ・け・べ・し。おっかあ、この字読めるか？」

夫婦は「め」を「女」と誤読します（文字に親しみのない2人でしたが、女湯の「女」は記憶していたのです）。そして**「この薬は耳掻き一杯、女尻（正しくは「めじり＝目尻」）へ付けべし」**と解釈。熊は、おかみさんに「後ろ向きになって尻をまくれ」と頼みます。

亭主の目を治すのに、なぜ自分の尻に薬をつけるのか、不思議がりながらも従うおかみさん。尻に薬を盛ろうとする熊の手がくすぐったく、腹に力を入れて我慢をした途端、芋を食べすぎたせいか、大きな屁をして粉をまきちらしてしまいます。

「おめぇ、だしぬけになんてことしやがんでぇ！　そうか、こうやってつける薬なのか！」

「熊には、このおかみさんがいてよかった」としみじみ思います。まさに「破《わ》れ鍋に綴じ蓋」（いい意味で）。彼らのように、くだらない部分も分かち合うのが夫婦の理想の姿でしょう。「コロナ禍、夫婦揃っての在宅時間が増えてイライラ」という方の救いになれば。

⑤花色木綿《はないろもめん》

ある粗忽な新米泥棒。もし見つかったら「失業中で80歳のおふくろが長患い、13歳を頭に5人の子がいます。**貧の出来心でございます**」と、泣き落とすよう助言されます。

さっそくある留守宅に忍び込みますが、主の八五郎が運悪く帰宅し、新米泥棒は隠れる羽目に。八五郎は、足跡から泥棒に気づき、それを家賃延滞の言い訳にしようと大家を連れてきます。大家は受け入れ、盗品届のために盗られたものを尋ねます。

「まず、布団です」「どんな?」「大家さんとこと同じです」「表は唐草、裏は花色木綿だ」「うちもそれです……」

羽二重も帯も蚊帳も南部鉄瓶もお札も、盗品はみな「裏が花色木綿」と答え続ける八五郎。隠れていた新米泥棒は、我慢できずに姿を現します。

「何でも〝花色木綿〟とつけりゃいいってもんじゃないだろう?」「おっ、泥棒はてめぇか」

親分の教えを思い出しながら必死に謝る新米泥棒。「失業しておりまして、13歳のおふくろが長患い、80歳を頭に5人の子どもたちがいます。これも貧の出来心で……」

大家は八五郎を叱ります。「なぜ盗られたって嘘をつく?」**「ほんの出来心でございます」**

噺の冒頭、「お前は向いていない」と自分を突き放す親分に「心を入れ替えて悪事に励みます!」と懇願する新米泥棒。「泥棒も大変だな」という〝他人目線〟を教えてくれます。

⑥後生鰻《ごしょううなぎ》

大変な信心家で、蚊も殺さないほど殺生嫌いのご隠居がいました。

ある日、日課の観音詣りのあと、鰻屋の前を通ると、親方がまな板の上に鰻をのせ、キリで刺そうとしています。義憤を感じたご隠居は、鰻1匹を2円で買い取り、川にボチャーンと放します。「いい功徳をした」

それからご隠居は、毎日のように1日2円で鰻を買い取り続けます。おかげで鰻屋は左うちわ。鰻仲間でも噂が広まり「あのご隠居つきで、お前の店を買おうじゃねえか」という輩まで出る始末。ところが、そのうちご隠居がぱったりと来なくなり、彼に頼っていた鰻屋は開店休業状態になってしまいます。

ある日のこと。ご隠居がまた現れますが、鰻屋は仕入れにも行っていなかったため、素材が何もありません。そこで先日生まれたばかりの赤ん坊を裸にして、割き台の上にのっけます。驚いたご隠居は、赤ん坊を100円で買い取り、前の川にボチャーン！

「あんな恐ろしい家に、二度と生まれてくるのではないぞ……」

自分ひとりが「正しい」と信じていることを突き詰めすぎたり、周りを意識せずに〝信仰〟したりしてしまうと、ろくなことはない。そう教えてくれる噺です。**〝原理主義〟に陥ると、誰もが幸せを失う、という皮肉な真理**を突いています。

⑦大山《おおやま》詣り

相模・大山の阿夫利《あふり》神社へのお詣りが流行し、江戸のある長屋の男たちも出かけようとします。旅先で酒を飲んでは大暴れする熊には「遠慮願おう」と打ち合わせます。しかし「俺も行きたい」とごねる熊。そこで一同は彼を連れていくかわりに「旅先で暴れた者は坊主にする」と取り決めます。

いざ出発すると、皆の予想通り、宿で熊が酒を飲んで狼藉を働くことに……。そのまま寝入ってしまった熊を、一同はこっそり丸坊主にします。

翌朝、熊が起きると、皆は宿を発ったあとでした。いくら約束したとはいえ、坊主にされ、ひとり置き去りにされ、怒り心頭。駕籠に乗って、皆より早く江戸に帰ります。そして坊主頭に手拭いを巻いて、長屋のおかみさんらを集め、悲痛な顔で作り話を聞かせます。

「大山詣りの一行は金沢八景を見物中、乗っていた舟が沈んで、死んでしまった。生き残った私は、菩提を弔うために坊主頭になったのだ」

号泣する彼女らを「尼になって回向すればいい」と丸め込んだ熊は、全員を坊主頭にしてしまいます。そこに一同が戻ってきて、大騒動となります。

一同のひとり、吉兵衛がとりなす台詞がオチ。**「皆さん、お怪我（お毛が）なくっておめでたい」**。髪なんて、いずれ生えてきますからね。寛容なコミュニティの良さを感じてください。

⑧がまの油

昔の縁日は、さまざまな物売りでにぎやかだったものです。なかでも人気は、がまの油売り。干からびたがま蛙を台にのせ、怪しげな口上で見物客を引き付けていました。

「さあさ、お立会い。御用とお急ぎでない方は、ゆっくりと聞いておいで。遠目山越し笠のうち、物の文色《あいろ》と道理がわからぬ……」

「がまの油が刃物の切れ味を鈍らせたり、出血を止めたりする」という効能を（インチキながら）実演すると、けっこうな売り上げになるのでした。そこで気をよくした油売り。販売をいったん終え、酒を飲み、再び商いを始めます。ところが酔いすぎて、「自分の腕を切り傷のあるように見せるトリック」に、失敗。腕を刀で実際に傷つけてしまいます。

「驚くこたぁない、この通り、がまの油をひと付け付ければ、痛みが去って……血も……止まらねえ……。お立会いの中に、血止めはないか？」

「いかに卓越したプロでも、酒（＝人を惑わせるものの象徴）が入ると、一瞬で崩れることがある。だから酒はダメなんだ……」。そう読み解きたくなる噺です。

しかし談志は、こう看破していました。

「酒が人間をダメにするのではなく、人間はもともとダメだという事実を酒が教えてくれるだけ」。

酒の前ではみんな平等、ということです。

⑨初天神《はつてんじん》

熊五郎が、初天神にお詣りに行こうとすると、折悪しく息子の金坊《きんぼう》が帰ってきます。息子にあれこれせがまれるのが見えているため、ひとりで出かけたい熊五郎。ですが押し切られ、やむなく金坊を連れていくことになります。

境内が近づいて屋台も増えてくると、予想通り、金坊がおねだりを始めます。飴、団子、ひいては凧までせがみ出します。結局根負けしてしまい、熊五郎は凧を買わされる羽目に。

親子で凧を上げるうちに、熊五郎のほうが夢中になってしまいます。

「上がったい！　上がったい！　やっぱり値段が高えのは違うな」

「その凧、あたいのだよ」

「うるせぇ、こんちきしょう！　あっちへ行け」

「こんなことになるなら、**おとっつぁんを連れてくるんじゃなかった**」

「大人は大人らしく、子どもは子どもらしく」、そんな社会通念があるかもしれません。

ですがこの噺をきくと、「きっかけ次第で立場が逆転してもいいんじゃないか」と思わされます。

それは職場等の上下関係についても言えます。「年長者として、リーダーシップを発揮すべし」と常に緊張している方の場合。**たまには甘えたり、弱音を吐いたりできる相手をつくって、上下関係を一時的に逆転させ、心の均衡を整える**ことをおすすめします。

⑩狸《たぬき》の札《さつ》

子どもたちからいじめられていた子狸を、助けてやった八五郎。その夜、礼を言いに現れた子狸を一晩泊めてやります。子狸は、こう明かします。

「『助けられた恩を返さないのは人にも劣る』と親狸に諭されたんです。御礼をして帰らなければ、勘当になるんです……」

翌日、八五郎が呉服屋に借金を返せず困っていると知った子狸は、5円札に化けようと試みます。大きすぎたり、小さすぎたり、裏に毛が生えていたり……。試行錯誤を経て、新品の5円札に化けることに成功します。ただ「曲げたり、畳んだり、回転させたりなどはやめてほしい」と頼みます。

そこに呉服屋が現れ、八五郎は子狸が化けた5円札で、無事に支払いを終えます。

呉服屋はその後、受け取ったお札を小さく畳んでがま口に入れたため、子狸は苦しくなり、がま口の底を食い破って逃げ出してしまいます。

「よく帰ってきたな」と言う八五郎に、子狸は5円札を3枚渡します。

「ついでに、ガマ口の中にあったので、みやげに持ってまいりました」

「狸の世界から見れば、人間は〝恩知らず〟と思われているのか」と、視点をずらす面白さに気づきます。「向こう側の理屈」に触れる訓練は、あらゆる問題解決に役立ちます。

おわりに

談志はよく「人間なんざ本能のぶっ壊れた故障品だ」と話していました。超訳すると、さしずめ「欠陥的要素を兼ね備えているのが人間なのだ」というところでしょう。

たとえば、生まれたての赤ん坊は、誰かがすぐにケアを施さないと、生きていくことはかないません。〝不完全そのもの〟というべき存在です。その大変さを「愛」だと学習させることで、人類のコミュニティはかろうじて命脈を保ってきたとも形容できます。

その文脈でいくと、「粗忽者」だけが決してお馬鹿で、〝お荷物〟的な存在なのではありません。**元来、人類そのものが多かれ少なかれ「ダメなもの」**なのです。

人は不完全で「ダメなもの」。だから、〝資産〟〝家柄〟〝出自〟というような虚栄心を満たす要素がほしくなり、それらを後出しジャンケンでつくり、素の自分を糊塗《こと》するかのように、自らに纏《まと》わせていったのでしょう。

しかし巨視的な視座で見ると、人類はかように「単独では不完全」だからこそ、存続できてきたのかもしれません。

生まれ落ちた赤ん坊がすぐに自立して自力で餌を獲得できてしまえば、親の愛だなんてあやふやなものを信じる必要は霧消してしまいます。むしろ邪魔にすらなることでしょう。**人は最初から、不完全さを補い合い、支え合うように規定されている**のかもしれません。

それは社会構造全体についても言えることです。

さまざまな個性の人が、能力の凸凹を補完し合いながら、同じ目標に向かって努力を重ねていく。だからこそ、人類は総体として進歩し続けてこられたわけです。

通常、そこにいる人たちの属性は、多様であればあるほど、総和としての能力は幅広いものになるはずです。そこから生み出されるアウトプットも、重層的になるはずです。

けれども、それは私の単なる理想論かもしれません。なぜなら現代社会において求められている能力は、あまりに画一的で単一的なものに思えるからです。

近代に入り、日本は多様性を重んじるという方向ではなく「分断」を是としながら進歩をしてきました。その最たる例が、日本の明治以降の教育です。「優」と「劣」を分断させることを基礎的な方針としてきたのです。

その流れは国際社会においても相似形でした。日本は、国際社会でも「優」のグループに入ろうとして「脱亜入欧」を掲げ、経済的な発展をひたすら追い求めてきたのです。その結果が、今の日本の格差社会といえば言いすぎになるでしょうか。

かような分断から融和を促すのが、現代における落語の役割のひとつかもしれません。

人は本来「理解し合いたい」「つながりたい」と本能的に感じる生き物なのです。ひとりではなく、誰かと共感し合いたいからこそ、日本人は落語をきき続けてきたのでしょう。江戸時代の各種弾圧の直後、その反動のせいか寄席の数が一気に増えたという現象が、その証左であります。

2020年から始まったコロナ禍を経て、私自身、この思いを一層強くしています。ゆるやかでもいいのです。**誰かと「つながっている」（理解してもらえた）と感じている瞬間に、人は幸せを感じるようにできています。**

落語の世界の粗忽者のように、助けたり助けられたり、笑ったり笑われたり、愛したり愛されたり。周りと感情のやりとりを重ね、関係性を分断させずに生きていくことこそ、心豊かに生きようとする際に大事である気がします。そのときに、私たちを助けてくれる人間関係の潤滑油、それが「粗忽さ」の本質的な正体なのかもしれません。

風薫る五月、皆様の益々のご多幸を祈って

立川談慶

粗忽の釘（そこつのくぎ） 190

【た】

狸の札（たぬきのさつ） 206
短命・長命（たんめい） 166
長短（ちょうたん） 042
町内の若い衆
（ちょうないのわかいしゅう） 197
付き馬（つきうま） 186
天災（てんさい） 068, 080
転宅（てんたく） 148
唐茄子屋政談
（とうなすやせいだん） 021
動物園・虎の見世物・ライオンの見世物（どうぶつえん） 178
時そば（ときそば） 025

【な】

長屋の花見
（ながやのはなみ） 076, 141
夏泥・置き泥（なつどろ） 148
錦の袈裟（にしきのけさ） 143
人情八百屋
（にんじょうやおや） 034

【は】

初天神（はつてんじん） 205
花色木綿（はないろもめん） 201
浜野矩随（はまののりゆき） 118
半分垢・富士の雪・垢相撲
（はんぶんあか） 026
一人酒盛（ひとりさかもり） 084
百年目（ひゃくねんめ） 038
不動坊（ふどうぼう） 152
本膳（ほんぜん） 183

【ま】

宮戸川（みやとがわ） 052
目薬（めぐすり） 200
もぐら泥（もぐらどろ） 148

【や】

宿屋の富（やどやのとみ） 072
藪入り（やぶいり） 106

【ら】

らくだ 060, 141

落語索引

書籍、漫画、YouTubeなどはもちろん、寄席に足をお運びいただくのも大歓迎。さまざまな形で触れることができますので、どうぞお気楽に。噺家によって味わいも違いますから、聴き比べるというのも面白い楽しみ方ですよ。

【あ】

青菜（あおな） 080
明烏（あけがらす） 046
愛宕山（あたごやま） 137
穴どろ（あなどろ） 148
鮑のし（あわびのし） 143
井戸の茶碗
（いどのちゃわん） 022, 178
阿武松（おうのまつ） 140
大山詣り（おおやままいり） 203
おかめ団子（おかめだんご） 098
お見立て（おみたて） 132

【か】

笠碁（かさご） 146
がまの油（がまのあぶら） 204
堪忍袋（かんにんぶくろ） 144
紀州（きしゅう） 124
金玉医者（きんたまいしゃ） 198
孝行糖（こうこうとう） 162
紺屋高尾（こうやたかお） 177
黄金餅（こがねもち） 090
小言念仏（こごとねんぶつ） 065
後生鰻（ごしょううなぎ） 202
胡椒の悔やみ
（こしょうのくやみ） 156
子ほめ（こほめ） 094
権助魚（ごんすけざかな） 171
蒟蒻問答（こんにゃくもんどう） 175

【さ】

皿屋敷・お菊の皿（さらやしき） 110
三軒長屋（さんげんながや） 114
三方一両損
（さんぽういちりょうぞん） 030
品川心中（しながわしんじゅう） 102
芝浜（しばはま） 115
寿限無（じゅげむ） 025
疝気の虫（せんきのむし） 199
千両みかん（せんりょうみかん） 128
粗忽長屋（そこつながや） 056

立川談慶（たてかわ・だんけい）

一九六五年、長野県上田市生まれ。慶應義塾大学経済学部卒業後、株式会社ワコール入社。三年間のサラリーマン経験を経て、九一年、立川談志の十八番目の弟子として入門。前座名は「立川ワコール」。二〇〇〇年、二つ目昇進を機に立川談志に「立川談慶」と命名される。〇五年、真打昇進。
著書に『いつも同じお題なのに、なぜ落語家の話は面白いのか』（大和書房）、『なぜ与太郎は頭のいい人よりうまくいくのか』（日本実業出版社）、『慶応卒の落語家が教える「また会いたい」と思わせる気づかい』（WAVE出版）、『ビジネスエリートがなぜか身につけている 教養としての落語』（サンマーク出版）など。また小説に『花は咲けども噺せども 神様がくれた高座』（PHP文芸文庫）がある。

仕事も人間関係も生き苦しい人のための
落語に学ぶ粗忽者《そこつもの》の思考

二〇二一年六月二十二日 第一版第一刷発行

著者 立川談慶

発行所 WAVE出版
〒一〇二-〇〇七四
東京都千代田区九段南三-九-十二
TEL 〇三-三二六一-三七一三
FAX 〇三-三二六一-三八二三
振替 〇〇一〇〇-七-三六六三七六
E-mail：info@wave-publishers.co.jp
https://www.wave-publishers.co.jp

印刷・製本 中央精版印刷株式会社

NDC779 211p 19cm ISBN978-4-86621-355-2